GÜTERSLOHER
VERLAGSHAUS

Gütersloher Verlagshaus. Dem Leben vertrauen

Wolfram Weimer

FREIHEIT, GLEICHHEIT, BÜRGERLICHKEIT

Warum die Krise uns konservativ macht

Gütersloher Verlagshaus

Bibliografische Information der Deutschen Nationalbibliothek

Die Deutsche Nationalbibliothek verzeichnet diese Publikation in der Deutschen Nationalbibliografie; detaillierte bibliografische Daten sind im Internet über http://dnb.d-nb.de abrufbar.

FSC
Mix
Produktgruppe aus vorbildlich bewirtschafteten Wäldern und anderen kontrollierten Herkünften
Zert.-Nr. SGS-COC-1940
www.fsc.org
© 1996 Forest Stewardship Council

Verlagsgruppe Random House
FSC-DEU-0100
Das für dieses Buch verwendete FSC-zertifizierte Papier *Munken Premium* liefert Arctic Paper Munkedals AB, Schweden.

1. Auflage

Umschlagbild: iStockphoto
Druck und Einband: GGP Media GmbH, Pößneck
Printed in Germany
ISBN 978-3-579-06890-9

www.gtvh.de

Inhalt

7 Kapitulationserklärung der 89er
15 Der konservative Reflex
20 Die geistige Rezession
26 Die ironische Nische
30 Weniger Mitte. Bitte!
35 Wir sind dann mal fort
40 Wieso steht der Geist nicht mehr links?
47 Triumph des Oligarchismus
50 Der Neo-Nationalismus ist da
56 Amerikas Bankrott
60 Schuldenmonopoly
65 Das 10-Punkte-Programm zur Brisanzkrise
70 Werte statt Wertpapiere
75 Das Private ist das Eigentliche
80 Der aufgeklärte Konservativismus
84 Das Gewissen als Kategorie
89 Die gute Bonner Republik
93 Die üble linke Diktatur
96 Marketing, Technik und das Holzspielzeug

103 Kulturkampf 1
108 Kulturkampf 2
112 Kulturkampf 3
116 Die Rückkehr der Moral
120 Ganz frei im Kopf
123 Theocons statt Neocons – Die Wiederkehr der Religion
135 Der philosophische Post-Relativismus
152 Gelassenheit als bürgerliche Haltung
157 Die acht Grundregeln für den Konservativen

»Weht der Geist nicht, wo er will?
Du weißt nicht, von wannen er kommt
und wohin er fährt? Von Nord nach Süd,
von West nach Ost, von links nach rechts
und umgekehrt auch?«
Martin Luther

Kapitulationserklärung der 89er

Wir wollten keine Generation mehr sein. Denn selbst ein Generationenkorsett schien uns zu eng. Wir wollten mit Francis Fukuyama jenseits der Geschichte leben. Ungebunden und frei fühlten wir uns, erhaben über die Zwänge und Trümmerhaufen der Vergangenheit – vor allem der ideologischen. Der Mauerfall von 1989 war unsere Signatur. Heute wissen wir, dass auch wir nur eine Generation waren, die 89er nämlich.

Das Ende des ideologischen Zeitalters brachte die formierten Weltbilder der verwundeten Generationen des 20. Jahrhunderts zum Einsturz. Kommunismus, Faschismus, Sozialismus, Nationalismus – jeder Ismus war uns, der Jugend von 1989, eine Mauer: sperrig, plump, alt, eng, dunkel, oft auch böse und blutig. Karl Poppers Diktum, man solle lieber Ideologien sterben lassen als Menschen, war uns ein Leitmotiv. Der Anti-Ismus wurde zum Merkmal unserer, der neuen Generation. Nichts mehr glauben, lieber falsifizieren, offen sein, ein Patchwork der Haltungen leben – das schien nicht nur opportun in einer globalen Weltgemeinschaft. Es schien auch den moralischen Bonus vor dem geschichtlichen Trümmerhaufen der Ismus-Epoche auf seiner Seite zu haben. Kurzum: Wir waren nicht nur die cooleren, wir waren auch die besseren Menschen. Eben doch eine Generation.

Es tat sich uns Maueröffnern eine evidente Nische der Weltgeschichte auf, zwischen dem 9. November 1989 und dem 11. September 2001. Das Anything-Goes der Roaring Nineties brach sich Bahn. Und zwar durchaus zum Segen der Weltbevölkerung. Die Zahl der Kriege nahm spürbar ab und damit einhergehend wuchs der Menschheitswohlstand in einem Maße wie noch nie in der Geschichte. Und er holte sogar Milliarden Menschen, vor allem in Asien, Arabien und Lateinamerika, aus dem Elend. Die Zahl der Ärmsten der Armen halbierte sich nach Angaben der Weltbank von knapp 1,3 Milliarden auf 600 Millionen Menschen. Mussten in den siebziger Jahren noch 40 Prozent der Weltbevölkerung mit einem umgerechneten Pro-Kopf-Einkommen von zwei Dollar täglich auskommen, waren es in der liberalen Nischenära nur noch 20 Prozent. Wir sahen Osteuropa, Russland und halb Asien zu Wohlstandsregionen heranwachsen, wir sahen technologische Sprünge und knüpften begeistert am Internet, wir sahen, wie sich unsere Lebenserwartungen verlängerten in nie da gewesenem Ausmaß. Gewiss gab es sie noch, die sozialen Probleme und auch die ökologischen. Aber diese schienen nur als Erblast und waren plötzlich keine ideologischen Monster mehr, sondern technisch lösbare Aufgaben – noch einmal 20 Jahre wie die nach 1989 – und kein Mensch auf dieser Welt müsste mehr Hunger leiden.

Das liberale Zeitalter lief also blendend, die Spaßgesellschaft eines Bill-Clinton-Feelgoods dominierte, Europa formierte sich, Einheitswährungen kamen, alle waren Teil eines gutgelaunten Globalisierungs-Get-Togethers. Wir zogen die Krawatten aus, setzten die Sonnenbrillen auf und schalteten die Handys und Laptops ein. Die Weltwirtschaft schien ein spielerisches Monopoly, bei dem es viele Gewinner gab. Vor allem uns. Wir waren die wohlhabendste Generation, die es je gegeben hatte. Wir tanzten die Partys der New Economy und surften im Internet, wir pflegten Lifestyle-Ästhetik und reisten in Erdenwinkel, von denen unsere Großväter noch nie gehört hatten. Wir waren polyglott, parlierten in vielen Sprachen und hatten unseren Spaß, die mauerlose Welt als eine Art echtes Disneyland zu durchstöbern. Fragte man uns, worum es ging, strahlten wir »Spaß haben« und »glücklich sein« zurück.

Ein Stück weit waren wir Neo-Romantiker. Wie die Romantiker als Reaktion auf die revolutionäre und die bleierne Zeit ihre Freiheiten in Sehnsüchten auslebten, so tobten wir unsere Sehnsüchte in Freiheiten aus. Die Freiheit schien uns Selbstzweck.

Mit den Attentaten vom 11. September bekam unser Weltbild offener Märkte, offener Gesellschaften, offener Werte einer offenen Globalisierung die erste schwere Erschütterung. Schlagartig musste unsere 89er-Generation erkennen, dass es vielen Menschen in der Welt noch um etwas ganz anderes ging als Spaß, Selbstverwirklichung und Freiheit, als Toleranz und Internationalität, als

Lufthansa-Meilen und Libor-Sätze, als Liebesbeziehungen und Klimafragen. Es war eine militante Provokation für genau unsere Variante, Freiheiten zu leben. Ein Fanal für Werte und Glaube, für Identität statt Promiskuität, für Tradition statt Machbarkeiten. Kurzum: Es ging um Sinn. Wir 89er mussten erkennen, dass ziemlich viele Menschen auf der Welt unseren Pfad der pragmatischen Modernisierung nicht mitgehen wollten. Und die Feinfühligen unter uns erkannten, dass wir 89er der Macht von Religion, Kultur und Tradition mit unserem Freiheitsspiel wenig entgegenzusetzen hatten. Wir saßen in einer teleologischen Falle. Wir begriffen in diesem Moment, dass unsere Freiheit von etwas zehrte, was sie selber gering schätzte: die abendländische Tradition. Der Riss im Weltbild der 89er war da, und er verschwand nicht mehr, sondern er breitete sich aus im bunten kulturellen Gewebe unserer Freiheitskleider. Wir bestanden zwar noch darauf, die offene Gesellschaft zu verteidigen, doch die Hintertüren schlossen sich nach und nach.

Die zweite Erschütterung für das Weltbild der 89er geschah dann 2008 mit der Weltfinanzkrise. Seit 2001 sahen wir uns mit einer inhaltlichen Krise unserer Freiheitsliebe konfrontiert, nun kam eine funktionale Krise hinzu. Denn die praktische Überlegenheit von Freiheitssystemen wie dem der Marktwirtschaft schien uns selbstverständlich. Dass mit ihnen Demokratie und Wohlstand einhergingen, war uns eine Lehre der Geschichte. Nun aber drohte nicht nur dem Wohlstand Gefahr, sondern auch der Demokratie. Denn die Staatskapitalisten in Russland, China und Arabien hatten plötzlich bessere Karten, und vielen schien ein bisschen weniger an Demokratie für ein bisschen mehr an Wohlstand durchaus eine opportune Variante. Wir hatten da zwar starke Zweifel. Aber der Zeitgeist hatte sich gedreht. Die Freiheit wich zurück, als sei die Ebbe des liberalen Zeitalters da. In jedem Fall drohte der Doppelschlag von 2001 und 2008 die Deutungsdominanz der liberalen, der 89er-Generation zu beenden – über die Finanz- und Kriegspolitik der Bush-Ära waren beide Ereignisse ohnedies innerlich verbunden.

Und dann der Finanzkapitalismus. Natürlich war das Investmentbanking, die Financial Industry nicht nur eine funktionale Ausformung des liberalen Zeitalters. Es hatte den Charakter einer kulturellen Chiffre. Die totale Mobilität des Kapitals, die radikale Geschwindigkeit und Internationalität, die Meta-

Ebene der ökonomischen Kapitalintelligenz – es war die Avantgarde unserer Generation, die Verhaltensmuster prägte. Ihre Sprache, ihr Behavior, ihre Mode machte Schule, was auch damit zu tun hatte, dass über viele Jahre hinweg die intelligentesten Burschen genau in diese Industrie drängten.

Ihr Crash im Jahr 2008 hatte darum für die 89er-Generation weniger ordnungspolitische Zweifel gesät – da war die Marktwirtschaft schnell mit ein paar Regulatorien geschmeidiger gemacht. Sie hatte einen kulturellen Backlash ausgelöst, der mit der Krise von Freiheit, Mitte und Kosmopolität zusammenfiel. Plötzlich wirkten Wall Street und die City of London wie Staffagen eines abgedrehten Films, dessen bitteres Ende man kennt. Der Zauber offener Horizonte, die Avantgardeverheißung war schlagartig dahin. Dabei ging es weniger um den Crash an sich als um die demaskierende Erfahrung, dass ein übergroßes Maß an Entgrenzung die Freiheit selber wieder gefährdet. Als hätte der Finanzkapitalismus als hochverfeinerte Form des liberalen Zeitalters den hegelschen Beweis angetreten, dass jede These ihre Antithese selber produziert.

Über zwei Jahrzehnte hatten wir die kulturelle Hegemonie, die politische Deutungsmacht in den meisten Staaten auf unserer Seite. So wie die 68er-Generation die Ära zuvor programmatisch, habituell, kulturell und politisch geprägt hatte, so hinterließen wir tiefere Spuren, als wir ahnten. Wie in einem großen Gezeitenwechsel hatten die 68er für zwei Jahrzehnte das Zepter in der Hand, danach die 89er-Generation ebenso lange. Nur dass uns keine Mauern einstürzen konnten, denn wir waren ja die Mauerüberwinder, uns stürzten eher Horizonte ein.

Jetzt spüren wir, dass die Welt wieder kleiner, enger, verbissener wird. Wir mögen das nicht, manche von uns kämpfen noch, aber ein gutes Stück weit müssen wir wohl kapitulieren. Nicht was die Freiheit, die Toleranz, das Unideologische, das Ästhetische und Kosmopolitische anbetrifft, wohl aber was die Perspektive unserer Freiheitsverheißung bedeuten kann. Es sieht danach aus, dass die Gefäße der Freiheit mit Neuem gefüllt werden. Nur womit?

Der konservative Reflex

Für die geleerten Gefäße des Jahres 2009 wurden mindestens drei Revolutionen herbeigesehnt. Für die einen war der Welt-Kapitalismus am Ende. Für die anderen wankte die Demokratie am Abgrund. Und für die Mehrheit begann mit der Obama-Ära nicht nur eine neue Präsidentschaft, nein, gleich ein neues Zeitalter, eine Ära, ein Jahrtausend! Als hätte Perikles die Demokratie gerade erfunden.

Nun geht natürlich weder die Marktwirtschaft zugrunde noch die Demokratie, und Obama ist auch nur einer nach 43 anderen US-Präsidenten. Das Pathos des Jahres 2009 steht sogar in direktem Gegensatz zur tatsächlichen Dominanz des Normalen. Denn in allen großen Debattenlagen passiert das Gegenteil von Revolution, nämlich Kohäsion. Man rückt zusammen statt auseinander. Die offenen Gesellschaften des Westens reagieren auf die einsetzende Rezession gerade nicht nervös und gereizt, spaltend oder veränderungswillig, sondern besonders besonnen. Sogar das streitlustige Europa erweist sich als reif, ruhig und geeint wie selten zuvor.

Es wiederholt sich damit, was schon in den Veränderungsschüben der neunziger Jahre zu beobachten war. Während die einen die »Internetrevolution« der »New Economy« verkündeten, andere das vermeintlich entmündigte Bürgertum auf die Barrikaden (Arnulf Baring) riefen, wählte die Masse immer genau das Gegenteil – nämlich den Status Quo. Selbst als nach den Attentaten vom 11. September 2001 angeblich nichts mehr so sein sollte wie zuvor, entschieden sich die meisten just genau für das »wie zuvor«. Die herausgeforderte Moderne sitzt und schaut, vor allem aber sitzt sie.

Inzwischen kann man fast darauf wetten, dass, wenn avantgardistische Zeitgeistler den Umbruch, den Riss oder Ruck wittern und fordern, die Gesellschaft exakt das Gegenteil wählt. Darum sind die Schutzschirm- und Sicherheitsnetz-Metaphern so symptomatisch für das konservative Reaktionsmuster unserer Zeit.

Wenn man die letzten zwei Jahrzehnte überblickt, liegt der chronische Kohäsionsreflex wohl daran, dass die Gesellschaften ohnedies pausenlos Modernisierungsschüben ausgesetzt sind, so dass sie in Verdichtungsmomenten instinktiv retardieren und gerade nicht beschleunigen wollen. Auf eine unfreiwillige Be- wird mit willentlicher Ent-schleunigung geantwortet.

Ein interessantes Beispiel ist das Schicksal der Linkspartei. Fast alle politischen Beobachter hatten im Sommer 2008 noch gewettet, dass nun Oskar Lafontaines Linkspartei ebenso schnell aufsteigen werde, wie Aktienkurse und Banken fallen. Nach dem gefühlten dräute der tatsächliche Linksrutsch, die alten Seilschaften von Genossen machten Stimmung wie seit dem Nato-Nachrüstungsbeschluss nicht mehr. Es braue sich was zusammen, alle raunten von einer »Zeitenwende«, Joschka Fischer schwadronierte gar bizarr von einem »zweiten Mauerfall«. Sie kamen wie Dinosaurier aus ihren ideologischen Museen gestampft und spielten für einige Wochen noch einmal Revoluzzerparty. Allerdings: vollkommen autistisch und erfolglos. Die Linkspartei hat inzwischen – zur Verblüffung aller Neosozialisten – deutlich an Zustimmung verloren.

Die gefühlte Stimmung mancher Genossen und die tatsächliche des Volkes entwickelt sich genau in die entgegen gesetzte Richtung. Die Masse reagiert im Angesicht einer drohenden Rezession konservativ, sie spart, entdeckt die redlichen Großväter-

Tugenden neu, folgt der CDU-Kanzlerin und hält sich an Bewährtes.

Es gehört zu den erfreulichen Entwicklungen der Zeitgeschichte, dass die westlichen Gesellschaften Resistenzen gebildet haben gegen die immer neuen Neuzeitverkünder und ihre Alarmismen. Ob Börsenkräche, Klimaveränderungen oder Terroranschläge – inzwischen erkennen alle das oswaldspenglersche Spiel mit den Untergangsängsten. Dagegen spüren die Gesellschaften ihre innere Logik der Beharrung und auch die Kraft, die daraus rührt. Gerade weil sie abwarten, überstehen sie einen Alarmismus nach dem anderen unbeschadet. Nie war daher »die normative Kraft des Faktischen« so mächtig wie heute.

»Wegen ungünstiger Witterung fand die deutsche Revolution mal wieder in der Musik statt«, witzelte einst Tucholsky über Deutschland. Heute gilt das für weite Teile der westlichen Welt. Es gibt weder eine latente noch eine akute Sehnsucht nach Umbruch, dazu verändert sich die Welt ohnedies zu schnell. Da das Globalisierungszeitalter die Revolution gewissermaßen im Dauermodus programmiert hat, gibt es bei den Menschen eher ein ständiges Interesse an Stabilität und Kohäsion. Sicherheit ist den meisten Menschen viel wichtiger geworden als Gerechtigkeit (zum Ärger der Linken) oder Freiheit (zum Leidwesen der Liberalen). »Ja, wir müssen uns bewegen«, sagt der Globalisierungsgetriebene, dreht sich um und geht zurück. Darum fallen Revolutionen aus.

Die geistige Rezession

Die zwanziger Jahre sollen wild gewesen sein. Ein Krisenjahrzehnt voll geistiger und künstlerischer Energie. Wenn wir heute von einer neuen Krisenzeit reden und sie auch herbeireden, dann ist das Gegenteil der Fall. Die intellektuelle Szene der Republik schläft, die künstlerische macht letzte Geschäftchen, die literarische wälzt sich in Introspektion. Nicht einmal die politische Debatte ist flirrend – die Wirtschaftsliberalen tauchen ab, die Konservativen fühlen sich bestätigt und streicheln selbstgefällig ihre alten Werte, die Linke schaut datterig zu, als sei sie für das 20. Jahrhundert zuständig gewesen, nicht mehr aber für dieses.

Merkwürdig: Es braut sich ein Gewitter zusammen und jeder weiß, dass wir zwei, drei richtig schlechte Jahre erdulden müssen, aber alle kauern nur leise da zusammen wie in einer Wetterschutzhütte auf der Angela-Alm.

Wenn es wenigstens nach Fin de Siècle schmecken würde. Wenn man ahnen könnte, dass die Kreativen die Regression spüren, leiden, umformen, dagegen anrennen – wenn im Nebel der Orientierungslosigkeit die Silhouette eines neuen Zauberbergs auftauchen würde oder uns ein Neo-Nietzsche provozieren könnte. Stattdessen geht kein Luftzug durch den geistigen Diskurs der Nation. Alle Debatten sind luftdicht verpackt wie in einer Tupperware-Box.

Was war das wichtigste Buch der letzten fünf Jahre? Man wird keines nennen können, weil die geistige Ambition auf das Wohlfühl-Niveau von Hape Kerkelings »Wir sind dann mal weg« gesunken ist. Wo ist eine neue Denkschule? Rumort es an irgendeiner Avantgarde-Universität? Gab es in letzter Zeit eine Feuilletondebatte von Substanz und Bedeutung? Selbst der Journalismus infantilisiert zu einer Public-Relation-Entertainment-Nutzwert-Blendwerk-Industrie, dass einem angst wird um die politische Kultur im Lande.

Unsere Medienkonzerne glauben schon seit Jahren nicht mehr an den Qualitätsjournalismus. Sie investieren lieber in Flirtportale, Lifestyle-Staffagen, in Online-Kioske oder sie wollen gar Post werden. Und sie unterspülen nun mit der nächsten Sparwelle die journalistische Substanz weiter. Zeitungen und Redaktionen werden geschlossen, Auslandskorrespondenten gibt es kaum noch (alleine das ist für den Exportweltmeister ein Skandal), stattdessen kommen Dschungelcamp-Arrangeure und Mikrophonhalter für Bauern, die Frauen suchen. Die kulturelle Regression nimmt Formen an, die kaum mehr satisfaktionsfähig für Kritik sind.

Selbst der Sprachcode klingt indifferent. Alles muss geschmeidig klingen, »vermittelbar«, »mehrheitsfähig«, »integrierend«. Warum eigentlich? Wir haben unsere Gesellschaft so weich gezeichnet, dass sie kaum mehr zu erkennen ist, dass sie zu allem Ja und Amen sagt – falls sie noch weiß, was Amen heißt. Die Kultur räuspert sich nur noch kühl und krächzend und affirmativ. Wenn aber die Kategorien immer äußerlicher werden, dann trudeln alle Werte wie bunte Blätter im Wind des Zeitgeistes. Nun nehmen wir die Klage darüber seit Jahren mit der Gleichgültigkeit einer Kaktuspflanze hin, die auf dem Grab unserer Illusionen wuchert. Haben wir irgendeine kollektive Mission formuliert, ein Ziel jenseits von Rentenversicherungsanwärterschaften? Oder ist uns das Selbstbewusstsein der Kultur einfach abhanden gekommen wie der verlorene Schlüssel zu uns selbst?

In das Vakuum der Identität strömen jedenfalls Unernst und Ironie. Denn die gönnen einem wenigstens die kleine Metaphysik im Jetzt. Nach allen Religionen und Ideologien scheint das Distanzieren die letzte akzeptable Denkfigur.

Damit aber wird der Westen mehr und mehr eine ironische Zitatenfolge seiner selbst. Ein Wir-Derivat. Es wird munter fremdgegangen – in der Sprache, in den Kreditbeziehungen, in der Ehe, im Wahlverhalten, in den Sehnsüchten. Diese Wirklichkeit hat Schopenhauers »Welt als Wille und Vorstellung« längst überholt. Das Fiktive und das Reale haben sich vertauscht, so dass vor lauter Vorstellung gar kein Wille mehr da ist. Da man nicht mehr festgelegt sein will, weiß man auch immer weniger, wer man ist. Es ist sogar egal. Hauptsache die Stimmung bleibt gut und Deutschland hat einen Superstar.

Noch maskieren wir die intellektuelle Implosion im Gewand der Coolness. Dabei ahnt man schon, dass die Coolness selbst Teil des Problems ist. Sie ist eine Maskierung der Haltlosigkeit, eine kalte Erfindung modischer Distanzkultur. In ihr verbirgt sich die Stimmung, dass alles gleich-gültig, gleich emotionslos, auf jeden Fall gleich, also – in wörtlicher Übersetzung – egal ist.

Diese postmoderne Egalité bereitet einem geistigen Ödland den Weg, in dem sich alle auf einem

Quadratmillimeter Wohlfühl-Mitte treffen. Auseinandersetzungen folgen in dieser Szenerie der Logik einer Zirkus-Manege: Einige führen ihre weltanschaulichen Kunststückchen auf, aber jeder weiß, dass es nur ein Spiel ist. Uns ist damit die Wirklichkeit als Ort geistiger Auseinandersetzung verloren gegangen.

Kurzum: Wir stecken mittendrin in einer geistigen Rezession. Und die hat lange vor der wirtschaftlichen begonnen. Wahrscheinlich hat die eine die andere sogar mit ausgelöst. Die überreife Kultur der Ironie bringt sich selbst ins Wanken. Denn wenn es Gesellschaften egal ist, ob sie nun 1,5 Billionen Euro (Deutschland) oder zehn Billionen Dollar (USA) Staatsschulden anhäufen, wenn Schulden selber nur als virtuelle Größe wahrgenommen werden, wenn so getan wird, als seien Solidität, Werte, Integrität optionale Mosaiksteinchen in einem bunt-fröhlichen Gesamtbild, dann holt die Wirklichkeit diese Gesellschaften ein.

Noch glauben wir, dass wir eine globale Schuldenkrise durch neue, noch gewaltigere Schulden »tilgen« könnten, verdrängen, dass wir damit das Problem nur vergrößern. Aber wie immer das konkrete, wirtschaftliche Reaktionsmuster aussieht, es wird motiviert von einer Weltsicht. Und wenn diese den spielenden Menschen vor Augen hat, den »homo ludens«, der nichts Ernst nimmt, dann werden wir von einem Schuldenmonopoly ins nächste taumeln.

Vielleicht aber tut uns so eine Rezession auch gut, denn sie weckt auf – wir wären ansonsten in unseren Wohlstandslounges bei Chillout-Musik eingeschlafen. Nun müssen wir uns wieder anstrengen, wieder neugierig sein, wieder fragen und hinterfragen, lernen und wollen. Etwas ernst nehmen, Respekt pflegen, streiten, den Kulturpessimismus wieder als Kleiderbügel begreifen, auf den man ein ironisches Gewand hängen kann, aber eben keine Identität. Die ökonomische Rezession wird nur durch einen geistigen Neuanfang beendet werden können.

Die ironische Nische

Ein Krisensympton der zu Ende gehenden liberalen Zeit ist das Maß an Ironie. Die Signatur der Postmoderne hat sich Jahr für Jahr stärker ins Ironische gewendet, ohne dass wir es merkten. Und zwar so, dass man zuweilen nicht mehr wusste, was Ironie und was Ernst war. War das Dosenpfandgesetz wirklich ernst? War die kollektive Boulevardisierung kein Schauspiel der ironischen Medienindustrie? Was war noch ernst an Paris Hilton oder Dieter Bohlen? Was war mit Josefs Ackermanns Victory-Zeichen vor Gericht? War die Rot-Grüne Kurzepoche, dieser lustige Zwischenhuster der bundesrepublikanischen Geschichte, diese Testosteronphase der Berliner Republik nicht die politische Demonstration des Unernstes? Oder das »Rentenversicherungsnachhaltigkeitsgesetz«? War das nicht der Kulminationspunkt der Sprachironie? Oder hatte Herbert Marcuse Recht, dass Ironie keine Waffe, sondern ein Trost der Ohnmächtigen sei. Ihr Überhandnehmen also ein feines Indiz für das zunehmende Ohnmachtsgefühl vieler.

Tatsächlich bekam unser Land nach dem Ende

des totalitären Rechts-Links-Zeitalters 1989 nur eine kurze Phase liberaler Dignität, zusehends hingegen Züge einer ironischen Dschungelshow – und seine Grundmetapher wurde immer mehr das Spiel.

Wir nannten es Spaßgesellschaft, was in jener Nische der Weltgeschichte zwischen dem Fall der Berliner Mauer 1989 und den Attentaten vom 11. September 2001 passierte. In dieser Nische wurde selbst der Sprachcode indifferent. Oder waren Reform, Innovation, Elite, Nachhaltigkeit mehr als ironische Wortruinen einer bewegungslosen Republik? Uns kümmerte das nicht mehr so, denn wir fühlten uns ohnedies als »global crowd«. Wir konnten uns vorstellen, an vielen schönen Orten der Welt zu leben, wir wanderten aus – in Massen.

Ganz im Ernst ließe sich sagen: Deutschland wandelte sich langsam aber sicher zum dekadenten Leviathan, ein Vollkasko-Volk von Rentenversicherungsanwärtern räkelte sich in verspielter Selbstzufriedenheit. Die gesamte Literatur beschäftigte sich mit Selbstfindung. Zwischen Nachtbackverboten, Sonderabschreibungen und Sozialhilfeverordnungen hatte man es sich in Bürokratie und Bevormundung gemütlich gemacht.

Jeder wusste: Man zehrte von der Substanz der

Vorgänger – wie die dritte Generation Buddenbrook. Man leistete sich noch Kreuzfahrten zum Nordkap und Windräder in der Heide und Golfkurse für Einzelkinder. Die Nobelpreise aber holten andere, die Investitionen auch, die Elitestudenten sowieso. Doch wehrte sich das Land gegen die Argentinisierung? Nicht wirklich.

Für die ganz Ernsten war ein Indiz des Zerfalls sogar die biologische Kraft: Die Deutschen wollten sich einfach nicht mehr fortpflanzen. Man habe keine Erben und keine Hinterlassenschaft, von Mission ganz zu schweigen. Denn das Selbstbewusstsein der Nation, der Schlüssel zu sich selbst, sei abhanden gekommen. Nun wolle man kein Selbst mehr haben. Das Kreuz sei wie das Kopftuch, der Täter wie das Opfer, die Sünde wie der Spaß.

Mit dem Jahr 2001 wurde aber diese zutiefst ironische Gesellschaft plötzlich konfrontiert mit quicklebendigen und völlig ernsten Konkurrenten. Der missionarischen Ambition des amerikanischen Imperiums oder dem kulturellen Tiefgang Osteuropas. Dem wirtschaftlichen Ehrgeiz der asiatischen Aufsteiger oder gar dem religiösen Furor der islamischen Welt. Es kamen Wirtschaftskrise und Kulturkampf zusammen.

Nun war man einen zögernden Moment der Geschichte arrogant. Es half aber nicht. Denn der Ernst hatte fortan seine eigene Logik. Er bekehrte, er baute, er bombte. Da alle anderen plötzlich sehr ernst geworden waren, griff die Mechanik des Ironischen plötzlich ins Leere. Vor allem aber verlor man mit Rentenversicherungsnachhaltigkeitsgesetzen jeden Wettbewerb der Kulturen. Gegen den Nominalismus der anderen geriet die überreife Kultur der Ironie ins Wanken. Pisa-Schocks und Terrorängste, Arbeitslosenheere und Armutsängste, Golfkriege und Massenauswanderung machten schlagartig klar: Der Ernst hatte uns wieder.

Das aber war die Geburtsstunde des kulturellen Konservativismus. Aus dem Schutt des Ironischen wurden die Grundmauern der Tradition wieder freigelegt, das Politische wieder als das Bürgerliche begriffen, das Kulturelle als das Eigene, sogar das Religiöse wurde als das Sinnstiftende wieder entdeckt, das Wort jedenfalls wieder als der Anfang und nicht als ein Witz am Ende.

Weniger Mitte. Bitte!

Wir waren die Meister der Mitte. Wir 89er fühlten uns immer in der Mitte. Wir hatten Kanzler wie Kohl, Schröder und Merkel – Personifizierungen der Mitte. Alle machten die Mitte sogar zu ihrem Programm, mal war sie die alte, dann die neue Mitte, schließlich »die Mitte« schlechthin. Wir waren dabei. Doch auch damit sind wir nicht sehr weit gekommen, denn die Mitte hat ein grundlegendes Problem wie die Ironie und die Freiheit: Sie ist kein Ding an sich. Sie ist nicht einmal ein originäres Maß, denn die Mitte wird immer von den Rändern definiert. Wenn es am linken Rand rumort, dann wird die Mitte plötzlich linker. Sollte sich am rechten Rand etwas bewegen, wandert sie nach rechts.

Die Mitte suggeriert also Stetigkeit, dabei gibt es sie nur als Variable, sie ist keine Überzeugung, sondern Funktion, keine Position, sondern Treibholz, kein Fels, nicht einmal eine Strömung. Logisch besehen: der reine Opportunismus.

Nun ist Angela Merkel nur das perfekte Symptom einer neuen Hegemonie der Mittigkeit. Die suggestive Kraft des gefühlten Zentrums dominiert inzwischen den gesamten öffentlichen Diskurs. Immer häufiger verengen sich Debatten auf Gemeinplätze. Unechtes Reden breitet sich wie Nebel aus, weil immer mehr Menschen nicht sagen, was sie denken, sondern sagen, was sie glauben, dass man denken sollte.

Wenn sich die Gesellschaft aber am liebsten auf einem Quadratmillimeter Meinungs-Mitte versammelt, dann wird es intellektuell ziemlich eng. Was bleibt, ist das Pathos der Selbstverständlichkeit.

Wir sortieren inzwischen sogar unsere Wissenswelten über Mitte-suchende Algorithmen des Massengeschmacks. Google und Wikipedia heißen die Gesetzestafeln dieses digitalen Mitte-Ismus, mit dem wir Expertise durch kollektives Halbwissen ersetzen. Ob sich der Journalismus der Demoskopie unterwirft oder die Wirtschaft der Marktforschung – das kulturelle Grundmuster ist immer die gleiche Selbstentmündigung durch Vermittung. Allenthalben verobjektiviert man lieber die angenommene Massenmeinung, als sich ein eigenes Bild zu machen.

Wie absurd der kulturelle Mitte-Ismus ist, weiß der Volksmund (»In Gefahr und Not bringt der Mittelweg den Tod«) und zeigt das Leben selbst –

das Mann- und Frausein zum Beispiel. Wer von uns will ernsthaft die Mitte von beidem sein? Oder nehmen wir die Geographie: Wir sind Bayern, Berliner, Friesen, Rheinländer – die Mitte ist eine Schimäre. Oder wollen wir alle Nordhessen werden? Wer glaubt, dass das im Politischen anders ist, der frage sich einmal, wie bei der Todesstrafen-Debatte eine Mittelposition aussähe? Mörder halb töten? Vordergründig kann man die Fixierung der Politik auf die vermeintliche Mitte als eine demokratische Tugend begreifen. Realpolitisch kommen dabei zuweilen Abstrusitäten heraus wie die »freiwillige Wehrpflicht« oder der »demokratische Sozialismus«.

Die Fixierung auf die Mitte ist in Wahrheit ein Triumph des Formalismus über die Inhalte. Sie zeigt, dass der Staatsräson die Visionen abhanden gekommen sind. Technokratisches Optimieren ist der Grundcharakter aller Mittigen. Das Woher und Wohin, das Warum, das Wohl und das Weh sind keine Kategorien mehr. Stattdessen wird nachgebessert, als sei die Welt eine Sachzwangmaschine, die täglich eine Machbarkeitsmitte errechnet. Das Geheimnis des Könnens aber liegt im Wollen, nicht im Diagnostizieren.

Hinter der Mitte-Mode steckt vor allem die

»Angst vor dem Selbst« (Nietzsche). Werte, Mut, Originalität wirken in der geschmeidigen Mittigkeit wie Antiquitäten einer Zeit, die noch Unternehmer kannte, und nicht bloß Manager. Dabei hatte Henry Miller so Recht, dass die Wahrheit zumeist am Rand liegt und nicht – wie alle Mittelmäßigen glauben – in der Mitte. Einsteins Erkenntnisse liegen alle an und jenseits der Grenzen. Wäre Kolumbus der Meinungsmitte gefolgt, hätte er Amerika nie entdeckt. Kopernikus und Galilei holten sogar die ganze Welt aus der Mitte. Erfinder, Genies, Innovatoren, Helden der Geschichte sind nie Zöglinge der Mitte.

Nicht einmal in der braven Geschichte unserer braven Bundesrepublik sind die wesentlichen und guten Entscheidungen großer Politiker aus der Mitte heraus getroffen worden. Ludwig Erhard setzte die Marktwirtschaft, Adenauer die Westbindung und die Wiederbewaffnung, Brandt die Ostpolitik, Schmidt die Nachrüstung, Kohl den Euro jeweils gegen den Mainstream und die Mitte der Gesellschaft durch. Deshalb wirkt das gegenwärtige Klammern der Politik am Floß der Mitte eher wie ein Zeichen der Schwäche vor dem Strom des Zeitgeistes. Denn die Mitte ist nie das Eigene, sondern immer das Konstruierte, sie ist ein Sehnsuchtsort der Vollkasko-Politik. Es gibt aber keine Gesellschaften mit beschränkter Haftung. Und die vermeintlich so geschmeidigen »Netzwerke« und »Communities« ersetzen die Autorität der Inhalte nicht. Angela Merkel ist mir inzwischen lieber als Angela Mitte.

Wir sind dann mal fort

Wir spüren also, wie unsere Freiheit, unsere Ironie, unsere Mittigkeit auf zusehends schwankendem Boden steht. Aber auch unser Kosmopolitismus zeigt eine Kehrseite. Denn: Alle vier Minuten verlässt ein Deutscher sein Land. An jedem einzelnen Tag verliert Deutschland ein ganzes Dorf, womit die Zahl der Auswanderer Dimensionen erreicht wie seit 120 Jahren nicht mehr. Lange hat unsere Generation darin eher Vor- als Nachteile erkannt. Wir wollten die Globalisierung umarmen, unseren Horizont erweitern, wieso also nicht auch auswandern? Inzwischen aber muss man kein Pessimist oder Nationalist sein, um in der Massenflucht ein Misstrauensvotum gegen die Zukunftsfähigkeit Deutschlands zu erkennen.

Was die Angelegenheit so heikel macht: Es sind die Besten und Jüngsten, die sich nicht mehr wohlfühlen und gehen. Im Gegensatz zu den Auswanderungswellen des 19. Jahrhunderts verlassen nicht etwa Analphabeten, Bauern und verzweifelte Arbeiter das Land. Wir erleben keine Elendsflucht, sondern einen Exodus des gebildeten Mittelstands.

Das Durchschnittsalter unserer Auswanderer beträgt 32 Jahre, es sind junge Ärzte und Ingenieure, Wissenschaftler und Facharbeiter, Handwerker, Techniker und ehrgeizige Dienstleister. Nach Angaben der OECD verliert derzeit kein anderer Staat so viele Akademiker.

Als die Auswanderungswelle aufbrandete, dachte man zunächst an Steuerflüchtlinge oder einen Globalisierungseffekt beim Exportweltmeister. Inzwischen gibt es kaum eine Familie mehr, die nicht betroffen ist, kaum ein Fernsehabend mehr ohne Serien wie »Umzug in ein neues Leben« (Kabel 1), »Goodbye Deutschland« (Vox), »Die Auswanderer« (Pro7) und »Deutschland ade« (RTL). Nach einer Allensbach-Umfrage würde jeder fünfte Deutsche es den Fernsehvorbildern gerne gleichtun.

Der Migrationsforscher Klaus Bade warnt unmissverständlich: »Wir befinden uns in einer migratorisch suizidalen Situation.« Während unser Sozialstaat Hunderttausende Unqualifizierter aus den Randzonen Europas anzieht, fühlen sich die jungen Vertreter des Leistungsmittelstands hierzulande immer fremder. Der Handwerksmeister, der in Australien nicht vom Bürokratenstaat bedrängt wird, der Arzt, der in Norwegen nicht zum

Krankenhausbeamten degradiert wird, der Wissenschaftler, der in den USA bessere Forschungsbedingungen hat, die Hotelfachfrau, die in der Schweiz das Doppelte verdient, aber weniger Steuern zahlt, der Bauingenieur, der in Arabien oder China sein Können vergoldet bekommt – die Motive wechseln. Aber eines eint sie alle: Anderswo geht es ihnen besser als daheim.

Das ist für die Deutschen, die sich für Jahrzehnte als die Wirtschaftswunderklassenbesten gefühlt haben, eine schockierende Erfahrung. Auf einmal arbeiten sie als Gastarbeiter in fremden Ländern, und wenn die Wirtschaftselite der Welt sich alle Jahre wieder in Davos trifft, dann sind die Hotelkellner die Deutschen.

Man spürt bei Auslandsreisen, dass die Dinge sich anderswo besser entwickeln als bei uns, dass unser zivilisatorisches Vorsprungsgefühl verloren ist. Man muss nicht gleich von »Ausbluten« schwarzmalen, aber beim Mittelstand verfestigt sich doch der Eindruck, das Land sei langsam geworden und seine Substanz erodiert.

Die Überlegenheitsgewissheit, die jeden Sommerurlaub im Süden zu einem Selbstbestätigungs-Event gemacht hat, ist verschwunden. Avantgarde, wirtschaftliche oder technologische, spürt man nicht mehr daheim, sondern in der Fremde. Doch damit sind die Kategorien der Orientierung für die nächste Generation der Talentierten vertauscht. Die Fremde wird zum Ort der Ambition.

Wenn die Autobahnen in Andalusien inzwischen besser sind als im Ruhrgebiet, unsere Schulen neben denen in Skandinavien wie Baracken aussehen, wenn ein deutscher Krankenhausarzt nur noch so viel verdient wie ein Pförtner in Dubai, wenn eine Facharbeiterfamilie so hohe Steuern und Sozialabgaben zahlt, dass ihr weniger übrigbleibt als einem Hilfskoch in Zürich, dann geht sie eben.

Immer mehr Menschen merken, dass ihnen Deutschland immer weniger bietet.

Während die Politzirkel Berlins noch selbstgefällig über Zuwanderungsquoten streiten, ist die Abwanderungsquote das eigentliche Problem. Wohlstandswahrung in der Globalisierung heißt vor allem, Intelligenz zu binden. Deutschland gelingt das immer schlechter. Alleine 16 000 deutsche Ärzte haben inzwischen das Land verlassen. Ihre teure Ausbildung ist damit zu einer Subvention der Schweiz, Norwegens, Englands, der USA geworden.

Während wir endlos über die Extreme von oben

(Topmanager und deren Gier) und unten (Mindestlohn-Empfänger und gewalttätige Migrationsjugendliche) diskutieren, vollzieht sich ein Bruch der Gesellschaft in der Mitte. Man erörtert über Jahre, wie man den Wohlstandskuchen noch ein bisschen gerechter verteilen könnte, doch unterdessen flüchten diejenigen aus der Küche, die den Kuchen backen sollen. Unser Problem sind nicht 100 maßlose Manager oder 100 000 türkische Familien in vermeintlicher Armut. Es sind die Millionen der Mittelschicht, die die Gesellschaft tragen, sich aber von ihr zusehends weniger getragen fühlen. Sie zahlen immer höhere Abgaben, erleben Wohlstandsverluste, werden bevormundet, schicken ihre Kinder in schlechte Schulen und werden dem Wettbewerbsdruck der Globalisierung mit viel weniger Schutz ausgesetzt als die ganz unten und ganz oben.

Die Flucht aus der Heimat ist eine Volksabstimmung mit den Füßen geworden, ein Alarmsignal aus der Mitte der Gesellschaft. Die Auswanderer revoltieren nicht und krakeelen nicht, sie haben keine Gewerkschafts- oder Politkampagne hinter sich, sie gehen einfach still und leise fort. Leider. Freizügigkeit hin oder her.

Wieso steht der Geist nicht mehr links?

»Der Geist steht links, aber rechts bewegt er sich«, lautete die Losung der Neo-Cons in den neunziger Jahren. Heute steht der Geist nicht einmal mehr links. Obwohl die liberale Ära schwächelt, erringen die klassischen Linken keine kulturelle Deutungsmacht mehr. Der Historiker Jacques Juillard spricht sogar von einer geistesgeschichtlichen Wende: »Das Wort Linksintellektueller war lange Zeit ein Pleonasmus, heute wird es zu einem Oxymoron.« Die Frage aber, warum die Linke ihre jahrzehntelange intellektuelle Deutungsmacht in fast allen westlichen Ländern verloren hat, ist nicht so klar.

Es gibt vier Argumente für den Paradigmenwechsel.

Erstens leidet die linke Gedankenwelt seit dem Zusammenbruch des Ostblock-Kommunismus unter dem Schatten des Totalitarismus. Der real existierende Sozialismus hat der Linken den Langfristkredit der Moralität und Utopie geraubt. Das aber waren ihre beiden stärksten Motivatoren. Insofern ist es nicht überraschend, dass linke Gesellschaftsvisionen nach 1989 immer ein wenig nach der bleiernen Zeit des Inhumanen und Ideologischen klingen. Mit der Mauer, den Hinrichtungskellern und dem Gulag schien sich das Muster der Französischen Revolution zu wiederholen, dass die Intellektuellen lieber den Blick auf die Menschheit als auf den Menschen richten, dass sie die Botschaft der Humanität eher abstrakt verstehen und das Glück des Einzelnen ohne zu viel Umstand auf dem Altar ihrer Ideale opfern: die Marats, Saint-Justs und Robespierres des 18. wie des 20. Jahrhunderts – entlarvt als Mörder im Dienste der Tugend.

Das zweite Argument bezieht sich auf den latenten Opportunismus vieler intellektueller Moden. Denn politische Deutungsmacht orientiert sich häufiger, als es sich Intellektuelle eingestehen wollen, an realer politischer Macht. Nach 1989 verlor die Linke aber mit dem Zusammenbruch der sozialistischen Sowjetsysteme just dieses realpolitische Kraftfeld. Der Resonanzboden des Linksseins wurde gewissermaßen sphärisch. Heute muss man sich als Linker schon die autoritären Regime in China und Russland schönreden, um eine weltanschauliche Benchmark überhaupt benennen zu können. Denn die sozialistischen Realitäten der Vergangenheit sind allesamt blutig.

Das wirkt vor allem unter den Intellektuellen in Deutschland nach. Sie sind durch ihren historischen Irrtum traumatisiert. Wolf Lepenies resümiert: »Intellektuelle hatten sich auf dem Felde ihrer ureigensten Kompetenz geirrt.« Sie hätten die Bedeutung von Worten (»Wir sind das Volk«) missverstanden. »Der Misserfolg der Intellektuellen war weder das Pech von Amateur-Politikern noch der Fehlschluss von Möchtegern-Ökonomen. Er war das Desaster der interpretierenden Klasse.« Bezogen auf die heutige Rolle der aus Ostdeutschland stammenden Intellektuellen geht der Historiker Hans-Ulrich Wehler soweit, dass er eine »unheilige« Allianz, welche die »Neue Rechte mit einigen ostdeutschen Intellektuellen verbindet«, deutlich beim Namen nennt: »Heiner Müller, Stefan Heym, Christa Wolf, Hermann Kant, Stefan Hermlin, Christoph Hein, Volker Braun, um nur einige Prominente zu nennen, mühen sich heftig ab, ihren ursprünglich verinnerlichten Antikapitalismus in ein traditionsreiches antiwestliches Ressentiment zu transformieren, um die Suche nach dem heutigen Gral des wahren Sozialismus, der mit Honeckers Gulasch-Kommunismus und der Stalin-Herrschaft nichts zu tun haben soll, ungestört fortsetzen zu können.« Dieser Balast verhindert heute, dass eine neo-sozialistische Bewegung wieder entscheidend deutungsmächtig werden könnte.

Das dritte Element betrifft den Kategorienwechsel. Die politischen Koordinaten des 21. Jahrhunderts lassen sich mit Links-Rechts-Schemata zusehends weniger fassen. Denn das klassische linke Denken geht davon aus, dass vor allem Verteilungsfragen die Geschichte bestimmen. Wir haben aber gerade gelernt, dass plötzlich ganz andere Kategorien wie Religion (im arabischen Raum), Natur (im westlichen Raum) und Nation (in Russland und China) als Massenbeweger virulent sind. Das Feld der Wertedebatten, der Kampf der Kulturen, die ökologischen Streitlinien konturieren sich entlang völlig neuer Denkhaltungen. Bürgerdebatten um Moscheenbau, Demografie, Sterbehilfe, Klimaschutz und Klonforschung taugen nicht für politintellektuelle Universalisten.

Das vierte Argument für das Ausbleibende Comeback linker Ideologien liegt im fehlenden Modernisierungsversprechen. Linkssein hieß für eine lange Phase im 19. und 20. Jahrhundert auf der Seite des Fortschritts stehen. Seit zwanzig, dreißig Jahren aber haben sich die linken Parteien der westlichen Gesellschaften vor allem als Retardierungsinstanzen profiliert. Sie wollen den Modernisierungsschub der Globalisierung im Wesentlichen bremsen, sind technologieskeptisch geworden und stehen damit nicht mehr auf Seiten der avantgardistischen Evidenz. Vor allem die Gewerkschaften wirken im linken Milieu wie steinerne Trutzburgen des Anti-Modernismus – völlig unattraktiv für feinsinnige Intellektuelle. Die wachsende intellektuelle Langeweile und idelogische Borniertheit ist mit dem verlorenen Avanatgardeversprechen einher gegangen. Der Literat Peter Schneider, 1968 einer der führenden Köpfe der Studentenbewegung, diagnostiziert es so: »Ganz offenbar ist es der Linken nicht gut bekommen, dass ihre Vordenker vierzig Jahre lang ein Quasimonopol auf den Titel ›Intellektueller‹ innehatten.« Der Vordenker der linksalternativen »taz«, Klaus Hartung, meint sogar: »Nichts hat der kritischen Intelligenz mehr geschadet als jene Der-Geist-steht-links-Haltung.« Am signifikantesten wird das Modernisierungsproblem sichtbar, wenn man die Extremformen von linker Ideologie betrachtet wie etwa in Kuba oder Nordkorea.

Typisch für diesen Effekt war die Wahl von Nicholas Sarkozy in Frankreich. Der Essayist und Philosoph André Glucksmann, der in Le Monde seinen Aufruf »Warum ich für Sarkozy bin« formulierte, sah in dem Konservativen den eigentlichen Modernisierer. Inspiriert von Sarkozys »konfliktfreudiger Mantel-und-Degen-Rhetorik« (Michael Mönninger) sagte Glucksmann voraus, dass Frankreich nicht mehr links oder rechts, sondern das Morgen wähle. Er sah den eitlen Energetiker als eine Art konservativen Revolutionär, der ebenso gegen die Immobilität der Rechten wie gegen die Blindheit der Linken kämpfe – als Vertreter des »großherzigen Frankreichs, das die Bedrängten nie vergessen hat«. Ähnlich erklärt der linke Historiker Max Gallo, einst Regierungssprecher unter Mitterrand, nicht nur seine Sympathien für Sarkozy, sondern entdeckt auch das Nationale wieder als Orientierungskategorie. Gallo hatte zuletzt für das »Non« zur Europäischen Verfassung geworben und ein Buch »Fier d'être français« (»Stolz, ein Franzose zu sein«) herausgebracht.

Auch Pascal Bruckner, einst Theoretiker der sexuellen Befreiung, schwärmt für das Ende der linksideologischen Epoche. Alain Finkielkraut findet sogar: »Wir erleben eine Katastrophenlawine, die die Gutmenschen immer noch nicht wahrhaben wollen. Konservative wie Sarkozy zerreißen den Schleier.«

Da die Links-Intellektuellen nach den ideologischen Explosionen von 1968 bis heute einen »Theorie-Kater« (Marcel Gauchet) verspüren und die liberalen Intellektuellen eine »Tat-Abstinenz«, stellt sich die Frage, wer die Lücke füllt?

Triumph des Oligarchismus

In seinem Buch »À droite toute« – »Alle nach rechts« – (Fayard) prophezeit der Publizist Eric Dupin den Zeitgeist nach linken und liberalen Phasen als einen neo-autoritären, geprägt durch sozialen Konservatismus, wodurch Moraldebatten wichtiger werden als Gerechtigkeitsfragen: »Die Sehnsucht nach neuen sozialen, ethischen und sexuellen Ordnungsmustern wächst mit der Destabilisierung.« Mit seiner Synthese aus Autoritarismus und Wohlstandsverheißung erhofft er von einem semiautoritären Regime eine »kühne Allianz der Privilegierten und der Mittellosen«. Es werde in Zukunft nicht mit sozialen Interessen, sondern mit Werten operiert.

Spätestens mit der Weltfinanzkrise zeigte sich die strategische Kraft staatskapitalistischer Systeme wie in China, Arabien oder Russland. Ihr Aufstieg hat schon im liberalen Zeitalter die westliche Position nicht nur machtpolitisch und ökonomisch herausgefordert – sondern vor allem ideologisch. Unsere Überzeugung, dass Demokratie und Marktwirtschaft Zwillinge seien, dass offene Gesellschaften formierten Gesellschaften langfristig überlegen seien, ist erschüttert. Seit Jahren warten wir auf den Kollaps Chinas, auf den demokratischen Aufbruch der russischen Mittelschicht, auf die Revolutionen in Arabien. Doch nichts geschieht. Allen drei Varianten des Oligarchismus gelingt es, wirtschaftlichen Fortschritt mit autoritärer Politik zu verbinden und damit eine innere Legitimation zu schaffen, die sich vom labilen Westen eben durch Stabilität unterscheidet.

Der nächste Gezeitenwechsel vollzieht sich daher nicht mehr nach unseren europäischen Links-Rechts-Mustern, sondern nach einem globalen Systemwettbewerb autoritärer und liberaler Gesellschaftsordnungen. Die Neigung in Europa, in Krisenphasen die Rückverstaatlichung zu suchen, hat einen hohen Preis. Denn sie wird in dem globalen Kräfteparallelogramm nur mit Demokratieverlusten einhergehen können. Wenn Europa glaubt, die Herausforderung asiatischer und arabischer Staatsfonds durch den Aufbau eigener Staatsfonds zu bestehen, dann gibt man im Systemwettbewerb den autoritären Regimen schon nach. Ob es sich um eine parteiliche Oligarchie (China), eine geheimdienstliche Oligarchie (Russland) oder eine

Clan-Oligarchie (Arabien) handelt, die Muster sind ähnlich. Immer entscheiden kleine Zirkel über die großen Machtinstrumente der Gesellschaft. Das Leitbild des demokratischen Westens, jede Macht möglichst zu fragmentieren, wird hier auf den Kopf gestellt.

Der Neo-Nationalismus ist da

Die Russen überfallen Kaukasusvölker wie vor 100 Jahren, die Chinesen prahlen chauvinistisch wie zu Kaisers Zeiten, die Amerikaner denken so national, als seien sie allein auf der Welt. Eben noch dachte man, dass im 21. Jahrhundert alle Kosmopoliten werden. Doch jetzt passiert das Gegenteil: Der Neo-Nationalismus ist da.

Die Weltpolitik dieser Tage verhält sich wie im 19. Jahrhundert, es geht wieder um Stolz und Grenzen und Kanonenboote, der Zeitgeist steckt plötzlich in Landesfahnen, als wären das 20. Jahrhundert und seine Tragödien und sein Aufbruch in die Globalisierung nicht gewesen. Die Russen entdecken sogar die zaristische Großmacht als Figur des Stolzes neu – zum Schrecken ganz Europas. Denn die Glieder dieser Traditionskette rasseln kalt. Georgien wird zur Blaupause für Konflikte im Baltikum, in der Ukraine und Moldawien, aber auch in Zentralasien. Denn Russland testet gerade die Möglichkeiten des Neo-Nationalismus aus. Wie weit kann man gehen? Gilt wieder das Recht der Stärkeren? Ist Europa ein Machtfaktor oder nur eine Business-Lounge?

Wenn die Welt Moskau im Kaukasus freie Hand lässt, dann wird sich die Ukraine vor Interventionen kaum erwehren können. Schon hört man aus dem russischen Parlament, es lebten mehr als 50 Millionen Russen »außerhalb der jetzigen Grenzen«. Sie »heimzuholen« wird zur Legitimations-Metapher der neo-nationalistischen Expansion. Wie weiland im alten Bismarck-Europa verheißt der Sublimations-Nationalismus nichts Gutes. Kosovo und Georgien drohen zu ersten Dominosteinen einer Kettenreaktion von Nationalkriegen zu werden. Die Idee der Europäischen Union steht auf dem Spiel, die Idee nämlich, dass Recht gelten soll und nicht Macht.

Europa wird der neo-nationalistischen Neuordnung freilich wenig entgegen setzen. Die großen Staaten, allen voran Deutschland, haben überhaupt kein Interesse an ernsten Konflikten oder gar Kriegen mit Russland. Zugleich hat man auf dem Balkan Fehler gemacht, indem dort unter Europas Ägide ein neo-nationalistischer Flickenteppich von Staaten entstanden ist, der niemandem sicheren Stand gewährt. Die Anerkennung Kosovos als eigenständiger Staat erweist sich rückblickend als Fehler. Denn Russland verweist mit gutem Recht auf just diesen Fall, wenn es mit dem Argument der Selbstbestimmung von Völkern nun andere Staaten an seinen Grenzen zerlegt und destabilisiert.

Schon in der ersten Phase des Nationalismus fiel Nietzsche auf, dass die Europäer »nur in ihren schwachen Stunden Patrioten wurden«. Der alte wie der neue Nationalismus ist nicht nur ein Zeichen von Minderwertigkeitskomplexen mancher Staaten. Er funktioniert ganz offenbar als Stabilisator von modernisierungsbeschleunigten, also instabilen Ländern. Je schneller sich einzelne Staaten der Modernisierung öffnen, desto nationalistischer treten sie auf, um ihre eigene Unsicherheit zu kaschieren. Der Patriotismus fungiert offensichtlich als Kitt, der aufbrechende Gesellschaften zusammenhalten kann. Vor allem Gesellschaften, die sich von ihrer eigenen Geschichte bewusst oder unbewusst abschneiden.

Darum erleben wir derzeit in Osteuropa, in Russland und China nicht nur einen neo-nationalistischen Furor, sondern auch ein Fanal des Vergessens. Beim Hineinstürmen in die Moderne gilt dort die Erinnerung an die Tragödie der kommunistischen Diktaturen nur als lästig, als Störfaktor ihrer neuen Erfolgsstory. Als hätten die Völker zwischen Warschau und Wladiwostok, von Prag bis Peking ihr Rendezvous mit dem Schicksal, so suchen sie ein Morgen ohne Gestern.

Man bekommt zuweilen sogar den Eindruck, dass die Gesellschaften des Ostens gerade wegen ihrer manischen Fixierung auf die Zukunft besondere Dynamik entfalten. Bloß kein zögernder Blick zurück im Zorn. Historische Selbstzweifel gelten dort als Bremsklötze einer rasenden Fahrt raus aus dem Dunkel-Tunnel der Vergangenheit; also werden sie beseitigt: Putin lässt in Russland die letzten Überreste der Gulag-Lager schleifen, Tschechien will von Vertreibungen nichts hören, China feiert den Massenmörder Mao ungerührt als omnipräsenten Vater einer Nation, die längst in den Hyperkapitalismus aufgebrochen ist. Marschiert es sich leichter ohne das schwere Gepäck moralischer Revision? Sind die schuldbewussten Kulturen am Ende immer die schwächeren?

Kurzfristig vielleicht. Wir Deutschen hatten auch unsere Phase verklemmter Symbiose von Wirtschaftswunder und historischer Verdrängung. Irgendwann kam sie dann, die Erinnerung an die Schuld und mit ihr die quälende, aber notwendige Befreiung durch historische Selbstkritik. So wird wohl auch im Osten bald die Geschichte zurückkehren. Eines Tages wird eine neue Generation die Eltern fragen, was in den Gulags wirklich passierte, wieso man Mao feiert, statt ihn zu verachten, und wo denn die Deutschen geblieben seien, die in Breslau und Brünn lebten. Dann wird man den Vorwärtsdrang als Flucht vor sich selbst erkennen. Und den Riss in der historischen Kette spüren, weil an ihr eben auch jene älteren Glieder von Güte und Gutem hängen.

Es ist wie in dem alten Gedankenspiel, man bekäme einmal über Nacht jede ethische Erinnerung gelöscht. Wunderbar, einerseits. Aller Ärger wäre verflogen, alle Dämonen des Bewussten und Unterbewussten verschwänden, das getane und erlittene Böse – ausradiert. Und andererseits auch schrecklich. Denn mit der Kette der Erinnerung risse auch die Geborgenheit im Guten. Charles Dickens hat diese Ambivalenz in einer Geschichte von einem Mann verdichtet, der sein Leid nicht mehr ertragen mochte, die Erinnerung getilgt bekam und schließlich als herz- und hoffnungsloses Geschöpf endete. Denn Erinnerung ist nicht bloß das einzige Paradies, aus dem man nicht vertrieben werden kann (Jean Paul). Die Kette der Erinnerung von Güte und Gutem hält immer auch den Anker jeder Hoffnung.

Papst Benedikt spricht in diesem Zusammenhang vom existenziellen »Gedächtnis des Herzens«, das die Menschen und Gesellschaften im Kern trage.

Gerade darum wird Europa, das oft so tantig wirkt, jetzt mehr gebraucht denn je. Denn dieses Europa hat seine nationalistischen Blutbäder schon hinter sich – und doch Wege zur Versöhnung gefunden. Wer heute nach dem Sinn der Europäischen Union fragt, der sollte nicht nur in sein eurobestücktes Portemonnaie schauen, sondern auch auf die Kriegsgräber Verduns.

Europa hat ein Gedächtnis des Herzens, die Demut und Reue entwickelt. Reue ist zwar immer Verstand, der zu spät kommt. Aber doch Verstand. In ihren großen Stunden besinnen sich die Europäer daher auf ihre kulturelle Gemeinsamkeit, auf diese großartige Symbiose von Sokratischem und Christlichem, von Zweifel und Glauben, von kultureller Vielfalt und ideeller Einheit. Sie wissen um die Verletzlichkeit des Miteinanders und darum, dass Nationalismus zu jung und zu eng ist, um ihre Kultur zu sein. Die Idee Europas zivilisiert seine Völker durch die Rückvergewisserung auf das geteilte Erbe ganz im Sinne Marcel Prousts: »Gemeinsame Erinnerungen sind die besten Friedensstifter.«

Amerikas Bankrott

Kaum war die akute Finanzkrise von 2008 gebannt, begannen die Wirtschaftskrise und die Suche nach den Schuldigen. Während die Öffentlichkeit noch über Banker und Börsen lästerte, wurde immer deutlicher, was der wahre Verursacher dieses Sturms gewesen ist: Amerikas Überschuldung, George Bushs Kriege, ihre gewaltigen Kosten und die Abwälzung derselben in die Schuldenindustrie. Die aggressive Niedrigzinspolitik von Bushs Zentralbank in Kriegszeiten löste einen Debitoren-Tsunami aus, den wir heute alle bezahlen müssen.

Da sich der Pulverdampf der Bankenschlachten verzieht, wird der Blick langsam klarer auf die ursächlichen Kanonenschüsse – denn die wurden im Irak abgefeuert. Mittlerweile gibt es Berechnungen über die Kosten des Irakkrieges, und die belaufen sich – in offiziellen Fassungen – auf mindestens 600 Milliarden Dollar (CRS-Report). In jüngsten Erhebungen werden allerdings bis zu drei Billionen Dollar (Joseph Stiglitz) ermittelt. In jedem Fall ist der Irakkrieg für die USA inzwischen so teuer wie der Erste Weltkrieg. Dass er moralisch und machtpolitisch ein großer Fehler gewesen ist, beschreibt nur die eine Seite der Medaille. Die andere Seite ist wirtschaftlicher Natur.

Denn zur Finanzierung dieses Billionenkrieges hat sich die Bush-Regierung nicht nur in atemberaubendem Tempo verschuldet. Sie hat zur inneren Befriedung der Aktion eine Niedrigzinspolitik initiiert, die eine doppelte Verschuldungswelle auslösen musste. Die staatliche zur Kriegsfinanzierung und die private zur suggestiven Wohlstandsmehrung. Die Federal Reserve tauchte den Leitzins im November 2002 auf 0,75 Prozent. Damit begann eine Phase der amerikanischen Volkswirtschaft, in der diejenigen bestraft wurden, die solide sparen wollten. Wenn die Zinsen immer wieder unter der Inflationsrate bleiben, zwingt man eine Bevölkerung in die Verschuldung. Da die Sparer bei einer derartigen Politik systematisch ihr Geld vernichten, hören sie auf zu sparen, nehmen Kredite auf und kaufen sich vor allem Häuser.

Bis heute liegt die Sparquote in den USA bei null Prozent. In Deutschland beträgt sie gut zehn Prozent, was den ganzen Unterschied der inneren Solidität beider Volkswirtschaften demonstriert. Die politisch initiierte Politik des billigen

Geldes ließ eine Zentralbankblase entstehen, wie wir sie in der Geschichte selten erlebt haben. Bushs Regierung wollte ihrem Volk demonstrieren, dass man einen extrem teuren Krieg führen und zugleich den inneren Wohlstand in Amerika steigern könne. Panzer und Pools, das war die Devise dieser Strategie, und sie ging solange gut, bis die Preise für die Pools nicht mehr stiegen und über die Hypotheken das Gebäude zum Einsturz brachten.

Wer heute die »gierigen Banken« oder den »ungezügelten Kapitalismus« für die amerikanische Kreditblase verantwortlich macht, der springt zu kurz. Sie sind nur Verstärkereffekte einer gewaltigen und skandalösen Welle, die längst unterwegs war. Das Fehlverhalten einzelner Kreditinstitute ist rückblickend betrachtet wie die Schaumkrone eines Schuldentsunamis. Selbst wenn wir all unsere Banken von Anfang an verstaatlicht gehabt hätten, Amerikas Überschuldung hätte die Welt doch bezahlen müssen. Bereits so waren unsere Staats- und Landesbanken an vorderster Stelle mit dabei.

Zur Aufarbeitung der Krise gehört daher auch, dass der historische Skandal der Hyperverschuldung benannt wird. Die europäische Politik hält sich bislang noch an den Geldbeschaffern in den

Banken fest. Sie traut sich offenbar nicht, neben den kleinen Helfershelfern der Weltmacht den Bankrott vorzuhalten. Doch die amerikanische Staatsverschuldung beträgt inzwischen mehr als 10 Billionen Dollar. Und die wollen bezahlt werden. Schon jetzt absorbieren die USA zwei Drittel der gesamten Weltsparleistung zur Finanzierung ihrer Eskapaden. Wer aber die Ursache der Kreditblase nicht benennt, spielt das Schuldenmonopoly bis zum Ende weiter.

In den kommenden Jahren wird die Staatsverschuldung der entscheidende Indikator dafür sein, ob die Krise tatsächlich überwunden oder nur in den nächsten Rezessionszyklus verschoben ist.

Schuldenmonopoly

Nun sind es schon 1 560 000 000 000 Euro. Deutschlands Staatsverschuldung erreicht die unfassbaren Dimensionen eines kafkaesken Schlosses – eine gigantomane Fiktion gewesenen Geldes und doch so mächtig, dass wir alle zu Höflingen künftiger Forderungen degradiert sind. Jede Sekunde kommen 4000 Euro dazu. Schon nach der Lektüre dieses Absatzes haben Sie 20 000 Euro neue Schulden.

Die Staatsverschuldung ist der größte Skandal unserer Republik. Sie wird verschleiert mit einer Rhetorik aus »Konsolidierungspolitik«, »Sparrunden« und »Haushaltsdisziplin«. In Wahrheit steigen alle Staatsausgaben, und Richelieus Empfehlung wird befolgt: »Der Haushalt ist der Nerv des Staates. Daher muss er den profanen Augen der Untertanen entzogen werden.«

Denn Schuldenmachen heißt von der Zukunft leben – und wenn man es so beherzt betreibt wie derzeit unsere Regierung, dann ist das offener Raubbau am Wohlstand von morgen. Nicht einmal mit gewaltigen Steuererhöhungen und einer boomenden

Wirtschaft im Rücken ist es der Großen Koalition gelungen, auch nur ausgeglichene Haushalte vorzulegen. Und schon wieder kommen 20 000 Euro Schulden dazu.

Wie Don Quichote rennt Peer Steinbrück gegen die Windmühlen der Krisen-Konjunkturprogramme an. Vergebens. Die Ausgaben- und Schuldenmühlen mahlen weiter. Kein Riese, nirgends. Und langsam beschleicht einen die Frage: Wer zahlt das eigentlich alles? Zumal schon wieder 20 000 Euro Schulden gemacht wurden.

Nun lassen sich ordnungspolitische Sünden von verfehlten Gesundheitsreformen bis Mindestlohnwirrnissen wieder korrigieren – die Staatsverschuldung aber nicht. Sie lässt sich nicht wegreformieren. Sie muss schlichtweg bezahlt werden. Und zwar schon wieder 20 000 Euro mehr. Alleine an Zinsen muss unser Staat fast 70 Milliarden Euro im Jahr aufbringen.

Wenn der Schuldenabbau aber nicht einmal der Zwei-Drittel-Mehrheitsregierung im Aufschwung gelingt, dann gelingt er der Politik in geordneten Bahnen wohl gar nicht mehr. Wer jedoch den Staat als eine Kuh betrachtet, die auf Erden gemolken, aber im Himmel gefüttert wird, der wird diese Kuh schlachten. Aller historischen Erfahrung nach drohen Kriege oder Kapitalschnitte, wenn es nicht gelingt, die fiskalische Amokfahrt der Republik zu beenden. Deren Schuldenstand ist übrigens soeben um neue 20 000 Euro größer geworden.

Nun wirkt die Staatsverschuldung nicht bloß wie eine Zeitbombe. Sie ist zugleich ein Sozialisierungsindikator. Wir leben weithin in dem Irrglauben, Deutschland stecke in einem globalisierten, neoliberalen Privatisierungshexenkessel des Raubtierkapitalismus. Ein Blick in das Bilanzbuch unserer Nation beweist das glatte Gegenteil. Nicht die großen Konzerne, sondern der Staat reißt immer größere Anteile vom Volksvermögen an sich.

So haben die Deutschen noch nie in ihrer Geschichte mehr Steuern gezahlt als heute – mehr als 500 Milliarden Euro im Jahr. Die Staatsquote erreicht 45,5 Prozent. Ordnungspolitisch besehen, ist Deutschland damit heute so sozialistisch, wie es sich vor einer Generation nur die extreme Linke erträumt hatte. Vor 100 Jahren machten die Staatsausgaben bescheidene zehn Prozent der Wirtschaftsleistung aus, vor 50 Jahren waren es erträgliche 30 Prozent, heute dagegen ist es fast die Hälfte.

Nicht einmal in der Herzkammer des Kapitalismus – in der Bankenbranche – haben die Privaten noch das Sagen. Der Anteil der Großbanken am deutschen Privat- und Firmenkundengeschäft liegt bei nurmehr 18 Prozent. Nach der Teilverstaatlichung der Commerzbank und der mittelbaren Beteiligung des Bundes an der Deutschen Bank gibt es einen Privatbankensektor in Deutschland nicht mehr. Die staatlichen Sparkassen hingegen dominieren die Szenerie in einem Ausmaß, dass Deutschlands Rolle im internationalen Finanzmarkt inzwischen marginalisiert ist. Und schon wieder 20 000 Euro mehr.

Anders als im Rest der Welt, wo nach dem Zusammenbruch des Kommunismus die Staatsschlösser verbürgerlicht wurden, hat Deutschland einen etatistischen Sonderweg eingeschlagen. Denn jeder Euro neue Staatsschuld – eben gerade waren es wieder 20 000 – vergrößert das Gewicht des Staates in der Machtbalance der Gesellschaft weiter. Schon Bismarck wusste: »Wer den Daumen am Schuldbeutel hat, der hat die Macht.«

Durch seine gewaltige Kreditaufnahme treibt der Staat obendrein die Zinsen für private Kreditnehmer hoch und erhöht die Kapitalkosten für die Bürger. Jeder Häuslebauer und Unternehmer konkurriert mit dem Staat um Kreditgelder. Darunter leidet die Modernisierung des Kapitalstocks und erschwert Wachstum. Zugleich verlocken die höheren Zinsen viele Investoren, lieber bei Staatsanleihen einzusteigen, als unternehmerische Investitionen zu wagen. Durch die schiere Eigendynamik der Verschuldung wird die Volkswirtschaft also verlangsamt. Schließlich fehlen uns schon wieder 20 000 Euro.

So weit die Diagnose für die über Sechzigjährigen. Für die Jüngeren aber kommt irgendwann etwas ganz anderes als nur schleichende Erlahmung. Es kommt der Zahltag. Denn sie müssen wissen: Diese Staatsverschuldung ist eine vorweggenommene Massenenteignung. Inklusive der 4000 Euro dieser Sekunde, 4000 Euro der nächsten und 4000 Euro der übernächsten …

Das 10-Punkte-Programm zur Brisanzkrise

Im Nachgang der globalen Finanzkrise brauchen wir nicht nur einen finanzpolitischen, sondern auch einen geistigen »Instrumentenkasten«. Denn nach der »Subprime«-Krise der kulturellen Hypotheken steht ein »Bailout« haltbarer Werte an. Wir brauchen intellektuelle Kapitalspritzen, einen Risikoschirm der Haltung, um unsere weltanschaulichen Einlagen abzusichern. So ist es Zeit für einen Ausweg aus der Ideenklemme, für ein 10-Punkte-Programm der anderen Art.

1. Es gibt keine Freiheit ohne Krise, keine Wahrheit ohne Falsifikation, keinen Versuch ohne Irrtum. Fortschritt und Unsicherheit sind Brüder. Doch die freie Gesellschaft geht an Krisen nicht zugrunde, sie lernt aus ihnen.
2. Die Vollkasko-Mentalität wankt. Die Geschichte ist eben doch kein ruhiger, großer Strom, sie bleibt ein Wildbach. An seinen Ufern gebiert nicht nur der Schlaf der Vernunft zuweilen Ungeheuer, der Tagtraum der Selbstverständlichkeit tut es auch.

3. Die Götterdämmerung der Marktwirtschaft bleibt aus. Schon weil sie keine Götter kennt. Die Logik des Geldes ist evident, nicht transzendent. Dem Markt eine Metaphysik anzudichten ist so absurd, als würde man der Aktie der Filzfabrik Fulda eine poetische Kraft zutrauen. Die Marktwirtschaft ist nichts als die Fortsetzung der Natur mit anderen Mitteln.

4. Eine Finanzkrise ist eine Finanzkrise ist eine Finanzkrise. Die Apokalypse bleibt – wie bei der Klimaerwärmung, der Vogelgrippe und Terrorattacken – auch diesmal aus. Das »Nichts-wird-mehr-so-sein-wie-es-war«-Tremolo entlarvt sich im sympathischen Fall als erster Schreck, im gefährlichen als ideologische Ambition, in der Regel aber als eitle Anmaßung. Merke: Den vielen Elefanten, die aus Mücken gemacht sind, sieht man ihre Abstammung schon von weitem an: Sie tragen ihre Rüssel höher als alle andern.

5. Hütet Euch vor Sündenböcken. Ob Banker oder Amerikaner, Gierige oder Raubtierige – sie waren es nicht allein. Der kollektive Marsch in die Verschuldungskrise ist ein globales Massenphänomen. 1 560 000 000 000 Euro beträgt alleine die Staatsverschuldung der Deutschen. Wir leben –

nicht nur monetär – in einem viel tieferen Maße vom Morgen, als wir uns das heute erlauben sollten. Die Kreditspirale ist nicht bloß ein Instrument von Hausbesitzern, Banken und Staaten. Es ist eine allgemeine Haltung des Optionalen, der Zukunfts-Ermächtigung, des Vorwärts-Einforderns, als gäbe es ein Morgen ohne Gestern, eine Zukunft ohne Herkunft.

6. Lobt Europa. Sein retardierendes Moment schützt vor den Überdrehungen mancher Modernisierungssprünge. Mal bremst die Kultur, mal die Tradition; mal das Flickwerk aus Völkern, mal die Lust an der Demokratie. Doch das Prinzip der Langsamkeit erweist sich gegen die Raserei des Globalisierungswildwuchses wie ein alter Baum neben dem Distelkraut. Hat man eigentlich den Vätern des Euro schon gedankt in dieser Krise? Was wäre uns wohl passiert, wenn wir uns auch noch mit Währungsverwerfungen innerhalb von Europa zerstritten hätten?

7. Die Ära Bush hat nach dem moralischen und machtpolitischen auch ihren monetären Crash erlebt. Der rustikal-liberale Angelsachsen-Kapitalismus ist angeschlagen. Als moralischer Sieger der Situation geht das europäische Modell sozialer

Marktwirtschaften in kultivierten Demokratien hervor.

8. Es gibt die kleinen Krisengewinnler des ideologischen Spießertums: Linke Kapitalismuskritiker und rechte Freiheitsverächter. Aber es gibt auch die großen Krisengewinner des globalen Machtmonopolys: die autoritären Staatskapitalisten in China, Russland und Arabien, die sich aus Kapitalismus und Sozialismus die übelsten Elemente zusammenmischen. Man sollte immer genau das schützen, was kleine und große Krisengewinnler gemeinsam attackieren.

9. Wohlstand ist wohl kein Stand, sondern ein mühsamer Prozess auf schwankendem Boden. Die wunderbare Vermehrung des Kapitals über Kredite und Verbriefung, über Fristentransformationen und transkontinentale Vernetzung kann eines nie überwinden: Jede Schuld muss bezahlt werden. Und da die Börse ein schlechter Tempel des Bedauerns ist, beginnt die nächste Krise schon mit der Überwindung von dieser – solange nämlich Schulden mit neuen Schulden »getilgt« werden.

10. Das Konservative als Haltung des Maßhaltens, als Tugend der Verlässlichkeit, als Kultur des »De-Leveraging«, als Reservoir an Werten und Mo-

ral steht vor einer unerwarteten Renaissance. Glaube statt Gold, Heimat statt Hypotheken, Familie statt Finanzen. Und Sparsamkeit, die vielverschmähte, wird wieder zum »Brunnen des Wohlstands« (Cicero). Der »homo ludens« der Börsenkultur dürfte vom »homo credens« der neuen Bescheidenheit abgelöst werden. Sicherheitshalber.

Werte statt Wertpapiere

Wie kann sich nun aber der Westen in dieser Zeitenwende neu formieren? Was wird die geistige Leitlinie der nächsten 20 Jahre, wenn man nicht einfach dem Oligarchismus hinterherlaufen will? Meine Prognose lautet: Kulturelle Selbstvergewisserung. Europa wird im so genannten Kampf der Kulturen wie im Wettbewerb der Ökonomien nur bestehen, wenn es sich seiner intellektuellen Integrität bewusst wird. Werte statt Wertpapiere, so dürfte die Devise lauten. Wir stehen damit ziemlich wahrscheinlich vor einer konservativen Wende. Die Linke hatte ihre beiden Jahrzehnte, die Liberalen hatten sie, jetzt sind die Konservativen dran.

Tatsächlich hat die konservative Wende längst begonnen. Die Rückkehr der Religion seit 2001 war der wichtigste Vorbote dieses Gezeitenwechsels. Nun kehrten die Identitätsfrage und das Sicherheitsdenken in allen Facetten wieder. Der linken wie der liberalen Grundkonstitution sind gewissermaßen die Beine weggezogen, auch wenn es nach den ersten Reaktionen auf die Weltfinanzkrise noch einmal schien, als kämen die alten Genossen zurück.

Doch was sich da bewegte, wirkte ältlich wie ein Veteranentreffen auf bleiernen Beinen. Nicht einmal die deutsche SEDPDSWASGLINKE wirkt wirklich so, als sei die Linke noch lebendig und nicht nur anachronistisch.

Unterhalb der gekräuselten Gewässer unserer Parteipolitik, die die Boote der Überzeugungen mal hierhin, mal dahin treiben lässt, geschieht etwas ganz anderes als der zwei Jahre lang diskutierte Linksruck, der keiner war. Dort hat sich eine gewaltige Strömung in Bewegung gesetzt, die die Gesellschaft immer weiter in die bürgerliche Restauration schiebt. Das kulturelle Rollback der Nation ist unterwegs.

Die Bildungsbürger feiern Gottfried Benn, man liest wieder Heidegger statt Adorno, Thomas Mann statt Bertolt Brecht. Die Bestsellerromane der jüngsten Jahre von Daniel Kehlmann über Martin Mosebach bis Uwe Tellkamp sind zutiefst konservative Phänomene. In Museen zeigt man plötzlich Caspar David Friedrich und Romantisch-Melancholisches. Selbst Jürgen Habermas, die letzte lebende Legende der Frankfurter Schule, ist vom fordernden Soziologen zum mythologisierenden Religionsphilosophen zurückverbürgerlicht. Und in seiner Heimatstadt der linken Bewegung, im APO-Frankfurt, kuschelt sich das linksökologische Milieu erstmals in eine schwarz-grüne Großstadtregierung.

Die Restauration ist kulturell weiträumig angelegt: Am bunten Ende ist selbst RTL vom bürgerlichen Rollback erfasst. Der Sender, der einst frech mit blanken Busen begann, macht heute die höchsten Quoten mit einer Super-Nanny, die deutschen Familien den bürgerlichen Erziehungskanon erklärt, und – noch unglaublicher – mit einer Abendshow im Smoking, die den Standardtanz zelebriert und Höflichkeitsrituale der fünfziger Jahre hochleben lässt.

Am oberen Ende verdrängen die Historiker und Juristen die konkurrierenden Soziologen und Politologen von den Bühnen des Diskurses. Alle aktuellen Geistesdebatten Deutschlands werden von konservativen Stichwortgebern initiiert. Ob aus der Welt des Journalismus oder aus der Sphäre der Wissenschaft – von Joseph Ratzinger ganz zu schweigen. Damit wird auch die Begrifflichkeit gegenreformatorisch durchdekliniert. »Elite« ist wieder eine Orientierungsformel, genauso wie »Werte« und »Leitkultur«, »Heimat« und »Leistungsethik«. Beinahe altbacken klingen dagegen die besiegten Leitbegriffe von »Solidarität« bis »Emanzipation«.

Selbst der Humor zeigt als sicherer Trendindikator eindeutig weg vom linken Dieter-Hildebrandt-Kritik-Kabarett im Rollkragenpulli hin zur hyper-bürgerlichen Harald-Schmidt-Salon-Comedy im italienischen Anzug.

Wie einst beim Marsch der 68er durch die Institutionen wurden auch beim Surfen der 89er durch die Lounges des Lebens die Kraftfelder der Haltung nacheinander aktiviert. In den Neunzigern entfaltete sich zunächst das Bürgerlich-Ökonomische und seine Wettbewerbsmentalität, von der Standortdebatte über die Managementkultur bis zur Börsianierung der Sprache. Dann folgte die Internationalisierung und Individualisierung der Kultur, der Freizeit- und des Liebesverhaltens.

Doch die neue konservative Wende zeichnet eine starke Familiarisierung des Denkens vor. Kinder und Mütter rücken plötzlich ins Rampenlicht und entfachen ein Demografiebewusstsein wie zuletzt im 19. Jahrhundert.

Jüngst wurde sogar das nationale Element der Restauration lebendig. Von »Du bist Deutschland« über den Parapatriotismus eines Florian Langenscheidt bis hin zur Beobachtung, dass wir seit 1945 noch nie so viele Deutschlandfahnen haben flattern lassen wie jetzt. Die nächste und ultimative Welle der Restauration wird aber religiöser Natur sein. Von der kollektiven Rückkehr in die Schuluniform bis zur schulischen Morgenandacht ist es jetzt nur noch eine Frage der Zeit. Peter Hahne und »Wir sind Papst« waren erst der Anfang – die jüngsten Umfragen signalisieren bereits einen sprunghaften Anstieg des religiösen Bewusstseins gerade bei den Jüngeren.

Damit ist vorgezeichnet, dass die Restauration uns noch einige Zeit beschäftigen wird. Das Schlagwort von der »Neuen Bürgerlichkeit« macht die Runde. Zur echten Bürgerlichkeit gehört freilich die Erkenntnis, dass sie gar nicht neu ist und nicht verwechselt werden will mit Accessoires aus dem Manufactum-Katalog. Eine Terrakotta-Terrasse macht noch keinen Bürger. Das Bürgerliche ist zuvorderst eine Haltungsfrage.

Das Private ist das Eigentliche

Seit den neuen Transparenzregeln des Bundestages wissen wir also ganz genau, was unsere Abgeordneten so nebenbei verdienen. Viel ist es nicht, skandalös schon gar nicht, aber darum ist es ja auch nicht gegangen. Es ging – politologisch gesprochen – um Transparenz. Psychologisch kommt es eher als voyeuristischer Neid daher. Menschlich gesehen treibt das Publikum beim Blick in die Privat-Portemonnaies unserer Politiker reine Neugier. Eine Gier also.

Diese Gier aber nach dem Einblick ins Private wird zusehends zur Signatur unserer Zeit. Es trifft nicht nur Politiker, die leider ohnedies immer respektloser zum Freigut der öffentlichen Aneignung werden. Überall in der Gesellschaft wird der Raum des Öffentlichen größer, der des Privaten immer kleiner. Ja, das eine erobert das andere geradezu systematisch.

Der Sicherheitsstaat wildert mit Lauschangriffen, Internet-Überwachungen, Bankkonten-Checks, Zigtausenden Videokameras in den Privatsphären der Menschen. Der Steuerstaat raubt uns über das

Finanzamt nicht nur unser Geld, sondern auch Detailinformationen unserer Lebensumstände. Der Sozialstaat macht aus souveränen Privatpersonen, aus selbstbewussten Bürgern lauter Systemobjekte des Gesellschaftlichen. Überall müssen wir Privates preisgeben, von der Größe des Kinderzimmers beim Bauantrag bis zur Angabe körperlicher Schwächen bei der Krankenversicherung.

Unter dem Schlagwort »Corporate Social Responsibility« jagt der Öffentlichkeitswahn auch durch die Wirtschaft. Die althergebrachte Kategorie der Diskretion wirkt in der heute so angesagten »Kultur der Offenheit« wie eine verdächtige Antiquität. Unternehmen müssen nicht nur die Gehälter ihrer Manager offenbaren, sondern auch ihre Sozialbeziehungen, Ökobilanzen und – Gender Mainstreaming lässt grüßen – das Verhältnis zwischen Männlein und Weiblein.

Was in der Politik und der Wirtschaft im Gange ist, wird von den Medien noch überboten. Sie dringen mit aggressiver Professionalität in die Privatsphäre von Akteuren ein. Längst sind es nicht mehr nur Prominente und die Boulevardpresse, die mit schamloser Zurschaustellung aller Intimitäten das Publikum unterhalten. Die gesamte Kulturindustrie ist durchtränkt vom Entäußerungsspiel des Privaten. Keine Filmpremiere ohne kolportierte Liebeskabalen, kein Schriftstellerporträt ohne Homestory, keine Vernissage ohne Bussi-Bussi-Dokumentation. Und wenn es doch noch einen Restflecken von Privatesse gibt, dann werden bestimmt Google Earth oder »Leserreporter« mit ihrem Handy diesen Garten fotografieren und online stellen.

Die kollektive Gier nach dem Privaten wird dort grotesk, wo sich die Kraftfelder der gesellschaftlichen Selbstvergewisserung – das Politische und das Mediale – überschneiden. Die Fälle Seehofer und Pauli, aber auch das Outing der hessischen Kultusministerin sind darum keine zufälligen Ausreißer der politischen Unkultur. Sie sind symptomatische Kollateralschäden im kollektiven Feldzug gegen das Private.

Da auf den öffentlichen Bühnen inzwischen alles, aber auch alles verhandelt wird, und die Nachmittagsshows im Privatfernsehen mit ihrer diskursiven Proletarisierung den letzten Rest der Enttabuisierung besorgen, glaubt ein jeder, dem Trend folgen zu müssen. Elternsprecher outen sich als homosexuell, Nachbarn gestehen sich Hautkrankheiten, Jugendliche chatten in Internet-Foren über die Länge ihrer Schamhaare – aber bitte mit Belegfoto von der Webcam. Der Comment »Das gehört sich nicht« ist verloren.

Heute gehört sich alles, was gehört wird. Das Öffentliche wird zum Legitimierenden an sich. Dabei liegen für viele Einzeloffensiven des Öffentlichkeitswahns gute Argumente parat. Sollten wir nicht besser wissen, wo Politiker nebenbei Vorträge halten? Hat Klaus Wowereit nicht der Akzeptanz von Homosexualität einen guten Dienst erwiesen? Schafft die Umwandlung unserer Städte zu Video-Kamerabühnen nicht wirklich mehr Sicherheit? Vielleicht. Das Problem ist nur: Der Ausverkauf der Privatheit hat einen Preis, der höher ist, als wir glauben. Im Falle der Abgeordneten liegt er darin, dass wir aus selbstbewussten Bürgervertretern langsam kuschende Staatsbeamte machen und damit das Parlament schwächen. Im Falle der Aufopferung des Privaten für die Sicherheit heißt der Preis Freiheit. Im Falle der Boulevardisierung des Comments heißt er Würde. Wenn alle indiskret werden, ist jeder jedem ausgeliefert. Wenn alles zu Bühnen erklärt wird, gibt es nur noch schamloses Schauspiel. Wenn alles verfügbar wird, verschwindet der Respekt.

Die Summe der Fehlentwicklungen macht die Sache zum Problem. Gerade nach den traumatischen Erfahrungen des 20. Jahrhunderts, seinen Ideologien des Antiprivaten, seiner Raserei der Kollektivierung in Rassen und Klassen müsste den Zivilgesellschaften doch klar geworden sein, dass sich die Integrität von Demokratie und Kultur immer am Einzelnen entscheidet. Das Private ist das Eigentliche – und das gilt aus einer privaten wie aus einer politischen Perspektive.

Der aufgeklärte Konservativismus

Die konservative Denktradition von Edmund Burke bis Joachim Ritter hat das Private seit jeher verteidigt gegen die Vereinnahmungen der Kollektive, vor allem aber der Modernisierung. Das retardierende Moment wurde dabei schon früh als der eigentliche Legitimationskern ihrer Position benannt. Es geht dem Konservativen demnach weniger um die Verteidigung von diesem oder jenem konkreten Zustand, sondern um das Bewusstsein von Tradition und Herkunft, von Identität und Mythos. Was auf den ersten Blick als funktionale Kategorie, als opportunistischer Reflex erscheint, gewinnt im Moment beschleunigter Gesellschaften seine politische Kraft. Denn das Konservative fungiert in diesem Sinne immer als Damm der Alltagsvernunft und der Tradition gegen den rasenden Strom der Moderne. Es ist ein Re-Aktivum, es will »die gewachsenen Strukturen des Lebens und des Glaubens als eine Quelle andersartiger Vernunft« (Udo di Fabio) verteidigen, es verweist auf Traditionsspeicher, auf Religion, Kultur, Werte und Ethos als Gegenprogramm zur Machbarkeit wissenschaftlicher, wirtschaftlicher oder rechtlicher Modernisierungszwänge.

Darum werden Konservative immer dann besonders gebraucht, wenn sich der permanente Modernisierungsprozess der Neuzeit allzu sehr beschleunigt und überschlägt. Diese Korrektivfunktion wurde in den ideologischen Rasereien des 20. Jahrhunderts erstmals offenbar, als nämlich eine Modernisierungsideologie nur die nächste ablöste. Letztlich konnte die totalitäre Raserei von 1917 bis 1989 nur durch die Rückgriffe auf alte Werte, aufklärerisch-demokratische Erfahrungen und humanistische Ideale aus der Zeit davor überwunden werden. Man musste gewissermaßen konservativ werden, um den totalitären Überschlag der Moderne wieder menschlich zu korrigieren.

Konservative wie Winston Churchill und Konrad Adenauer verkörperten diese anti-totalitäre Variante eines modernen Konservativismus, der die Errungenschaft der Moderne gegen die Pervertierungen der Moderne zu verteidigen suchte.

Genau dieses Identitätsmuster formiert das konservative Bewusstsein heute. »Sie wollen ganz und gar nicht die Rationalität der westlichen Welt oder die humanistische Aufklärung in Frage stellen, sondern im Gegenteil sie wieder beleben und wieder stärker machen«, befindet Udo di Fabio im Grundsatz. Im Konkreten heißt das, dass der moderne Konservative zwar für Ehe und Familie als Lebensform eintritt, aber keineswegs für patriarchalische Haltungen oder biedermeierliche Moralitäten. Er wirbt mehr für das Prinzip, dass freiwillige Bindungen, dass Verantwortung und Tradition wesentliche Kategorien eigener Legitimität sind. Das gleiche gilt für Sozialstaats- oder Ökologiedebatten. Ob nun Kernkraftwerke oder Windräder besser sind für den Erhalt der Natur, ist dem Konservativen recht herzlich egal, er plädiert im Zweifel immer für die Rationalität des Arguments – nur die Idee der Natur als Schöpfung ist ihm wichtig. Anders als die Ideologen aller Couleur beansprucht der Konservative keine Ganzheitsmoral und schon gar keinen geschlossenen Gesellschaftsentwurf. Ihm ist schon aus kulturellem Bewusstsein das Fragmentarische und Wandelbare aller Ordnungen sehr bewusst. Deswegen ist ihm etwa die Marktwirtschaft aller Erfahrung nach ein vernünftiges Modell zur Wohlstandsmehrung für alle (mal abgesehen vom ohnedies verteidigenswerten Prinzip des freien Privateigentums). Er hat aber – anders als die Liberalen – kein Problem damit, auch dem Staat neue Rollen zu- und dann auch wieder abzusprechen. Es ist hier das Prinzip des Pragmatismus, das dem Konservativen schon deshalb nahe liegt, weil er um die historische Erfahrung weiß, dass der »gesunde Menschenverstand« zuweilen Prinzipien über Bord werfen muss. Karl Poppers Falsifikationswelt ist eben auch die Heimat moderner Konservativer geworden. Ihre alten nationalistischen, standesdünkelnden oder biedermeierlichen Gewänder haben sie abgelegt.

Kurzum: Die Konservativen haben das Schiff der Aufklärung möglicherweise gequält bestiegen, inzwischen aber erobern sie das Steuerruder.

Das Gewissen als Kategorie

Früher sagte die Religion, was richtig und was falsch war. Nicht nur Klerus und Kirche – vor allem der kleine Engel in uns allen. Später dann riss die Politik die Unterscheidung von gut und böse an sich, zuweilen taten das auch die großen Teufel, was dem Ansehen der Politik nicht gut tat. Deshalb übertrug man die ethische Autorität in der zweiten Hälfte des 20. Jahrhunderts auf Geistesgrößen. Man lauschte Philosophen und Schriftstellern, Historikern und Soziologen, ja selbst Leitartikel großer Zeitungen hatten das Zeug zur Gewissensbildung. Vorbei. Die Deutungsburgen zerfallen.

Heute sagt keiner mehr, was gut und böse ist. Die Moral ist privatisiert. Fragmentiert in Milliarden Gewissenspartikel. Jeder hat seine eigene »Befindlichkeit«, seine Privatethik, seinen Seelen-Blog. Aber eben kaum mehr. Und schon gar nichts Gemeinsames.

Ein Appell des Bundespräsidenten, ein Leitartikel des Spiegel oder der Zeit, eine Rede von Walser oder Grass – einst hatten sie moralische Prägemacht. Heute sind sie Spurenelemente einer zersplitternden Welt aus Infotainment-Scherben, aus Chats und Kundenzeitschriften, aus Jahrmärkten der Information und Desinformation. Es gibt keine Instanzen mehr, es gibt nur noch Downloads.

Doch das Prinzip »Haste mal ne Meinung« und die Entmachtung durch Fragmentierung betreffen nicht nur Medien. In den Köpfen der Menschen zerfällt der Meinungskanon so rasch wie in der Politik das Parteiensystem. Das eine bedingt sogar das andere. Die gewohnte Fasson politischer Macht, das vereinende Volksparteiensystem zerbröselt zum Vier- zum Fünf- zum Vielparteienstaat. Die Bindekraft großer Gemeinschaftsinstitutionen erodiert allenthalben, von Gewerkschaften bis Kirchen. In einer Welt aus mentalen Ich-AGs ist kein Platz mehr für ein geistiges Wir.

Auf den ersten Blick ist der Zerfall ethischer und politischer Identität gar nicht so schlecht, denn er öffnet der liberalen Bürgergesellschaft eine Welt, in der jeder nach seiner Fasson selig werden kann. Auf den zweiten Blick aber zahlen wir dafür einen Preis.

Wenn nämlich alles – von der Auswahl der Haarshampoos und Joghurtbecher bis zu fundamentalen Werten und Weltanschauungen – derart fragmentiert, dass die Welt nur noch aus »Angeboten« besteht, dann wird eine Moral undefinierbar, dann verschwindet die Sittlichkeit gewissermaßen im Supermarkt unserer Selbstdefinitionen.

»Das muss jeder mit seinem Gewissen ausmachen«, lautet das Grundgesetz dieser umfassenden Moralindividuation. Der persönliche Gewissensbezug wird zum letzten und einzigen Maßstab in Fragen moralischer Kontingenz. Als ethisches Gemeinschaftsprinzip akzeptieren wir bestenfalls noch die wechselseitige Toleranz. Minimalkonsens: We agree to disagree.

Wenn wir aber nur noch Einzelgewissen haben und das gemeinsame Gewissen schwindet, dann sieht es schlecht aus für die Moral im Allgemeinen und für die Schwachen im Besonderen, denn sie werden vom moralischen Kodex normalerweise beschützt. Die Verabsolutierung des nur persönlichen Gewissens liefert viele jedem aus.

Es kann vielen Einzelgewissen egal sein, dass Menschen in Deutschland neuerdings in der Prekariats-Verelendung versacken, dass Alte menschenunwürdig gepflegt werden oder dass man Menschen klont. Wie aber kommt man zu einem Bewusstsein, dass das trotzdem nicht in Ordnung ist? Über ethische Enquete-Komissionen? Die sind eher ein Alarmsignal als eine Hilfe.

Das neuzeitliche Bürgertum hat lange für Individuation und Freiheit gekämpft, gerade auch für die Freiheit des Gewissens. Aber das Bürgertum wird sich der Frage stellen müssen, was es denn noch zusammenhält jenseits von Aktiendepots und Golfplatzgreens? Braucht es nicht doch archimedische Punkte der ethischen Normierung? Was ist uns eigentlich heilig? Wie erhält unsere Gesellschaft ihre innere Empfindsamkeit für Fehlentwicklung? Das Machbarkeitsverlangen der Vernunft wird nicht hinreichen, ja es birgt eher Gefahren. So kann es für eine Gesellschaft durchaus »vernünftig« sein, Söldnerkriege zu führen, Kinder abzutreiben, Behinderte wegzusperren oder Menschen in Afrika verhungern zu lassen. Nur – ist es moralisch auch vertretbar? Soll wirklich jeder alles nur mit seinem Gewissen ausmachen?

Einst wurde der Religion eine Pathologie des Glaubens zugeschrieben, der Politik eine Pathologie der Macht vorgeworfen, heute erahnen wir, dass es auch eine Pathologie der Individualisierung und Zerstreuung gibt. Kann man technisch und wirtschaftlich immer weiter aufrüsten und zugleich ethisch abrüsten? Vielleicht sind Moralisten zuweilen Menschen, die sich dort kratzen, wo es andere juckt (Samuel Beckett). Aber ist das besser, als dass es keinen juckt, wenn andere sich kratzen?

Die gute Bonner Republik

Im dunklen Wald der Lebenslüge von Günter Grass waren mit seinen SS-Bekenntnissen alle Bäume kahl geworden. Doch während er sie entlaubte, trieben schon neue Blüten. Die Adenauer-Zeit sei eine furchtbare Phase deutscher Geschichte gewesen, lässt uns der Blechtrommler wissen. Von »katholischem Mief« und »Kleinbürgerlichkeit« übel durchzogen. »Grauenhaft«!

Nun entbehrt es nicht einer gewissen Doppelmoral, ausgerechnet Adenauer mit Schmutz zu bewerfen. Während Grass zur Waffen-SS ging, wurde Adenauer von den Nazis verfolgt. So sollte er besser schweigen über das »Grauenhafte«.

Aber mit dem Mief, da sagt Grass doch etwas, was viele lange gedacht haben: Für die ganz Alten, für Grass und die Seinigen, die Zöglinge des tausendjährigen Reiches, war die Adenauer-Republik bloß ein Puppenhaus der Weltpolitik. Der lächerliche Versuch der besiegten Deutschen mit dieser Regierungsform ohne Pathos – die Trizonesien-Demokratie – war nichts für Führerverführte und Sehnsuchtsvolle, Linke wie Rechte. Ihrem Häkeldeckchen-Ornament haftete das Stigma des kleinen Versuches an. Was war das schon für Stahlgewitter-Männer des großen Wurfes?

Den Zöglingen Nietzsches, Jüngers und Heideggers schien das wie ein Blinddarm der deutschen Geschichte. Kein Sein, kein Werden. Ein seiendes Als-ob bestenfalls.

Für die folgende 68er-Generation war sie aber auch nichts, die Adenauer-Republik. Sie rochen ihn auch, den Mief unter den Talaren, witterten hinter der Ordnung von gestärkten Hemden und gekochter Bettwäsche schuldige Seelen. Die Jünger Sartres und Brechts, Marxens und Adornos hielten diese bürgerliche Bonner Republik für ein böses Kapitalismusgespenst in der Maske des Biedermeiers. Nicht einmal Willy Brandt vermochte sie wirklich mit der neuen deutschen Republik zu versöhnen. Sie hielten sie bestenfalls für unfertig; irgendwo anders, in Schweden oder Ungarn vielleicht, vermuteten sie die bessere, die sozialere Republik. Sie kauften sich Volvos und flüchteten in die Toskana.

Die Bonner Republik hätte auf die nächste Generation hoffen können, auf die eigenen Kinder, die 89er. Doch auch sie verliebten sich nicht. Denn die rheinische Republik war uncool. Sie war Jägerzaun und Kaffeekännchen, Moselwein und nickender Dackel auf der Hutablage des Daimlers. Sie roch nach Wirtshaus, nicht nach Lounge. Immer noch nach Mief also. Die neue Coolgang brauchte eine Metropole, sie bekam Berlin, sie verlangte ein Event und erlebte die Wiedervereinigung, sie wollten Internationalität und erhielten den Euro und das Internet. Die Bonner Republik war »ihr Ding« nicht mehr.

So blieb die rheinische Republik tatsächlich ungeliebt. Zu Unrecht! Denn in Wahrheit gehört sie zum Besten, was die wechselvolle deutsche Geschichte überhaupt zu bieten hat. Das Adenauer-Deutschland hat aus den Trümmern der Stahlgewitter ein Haus der Ehre neu erbaut. Ja, das ging zuweilen über das kleine Karo bürgerlicher Normen und Regeln. Aber gerade dieser kleinen Moralität wuchs gegenüber der großmäuligen Selbstgefälligkeit eine besondere Würde zu.

Die geschmähte Bonner Republik brachte den Deutschen nicht bloß den größten Wohlstandsschub ihrer Geschichte. Zum ersten Mal formierte sich eine wahrhaft sozial verfasste Gesellschaft, ein Wohlfahrtsstaat, der seinesgleichen suchte. Man integrierte Millionen Vertriebene und Flüchtlinge und achtete auf sanften Ausgleich nach innen wie nach außen.

Dieses Adenauer-Deutschland versöhnte sich zugleich mit allen Nachbarn und legte den Grundstein für ein neues Europa, die beste Idee, die man auf diesem geschundenen Kontinent seit Generationen hatte. Nach den Zarathustras schufen just die »Spießer« der Bonner Republik ein Deutschland, wie wir es noch nie hatten. Gerade das bürgerlich-christlich Miefige daran war sein guter Kern. Der Mief dieser Bescheidenheit duftet im Nachhinein nach Größe.

Die üble linke Diktatur

»Der Sozialismus ist keine Utopie. Er ist eine Tragödie«, unkte einst Winston Churchill. Und dabei kannte er nicht einmal Oskar Lafontaine, der sich doch tatsächlich mit der Mauerbauerpartei anschickt, in Deutschland linke Utopien wieder aus der Staubecke der Geschichte hervorzukehren. Die Tragödie um die Linkspartei trägt groteske Züge, wenn man das Programm betrachtet. Sie hat unterhaltsame Facetten, wenn man ihr Spiel mit den Medien bestaunt. Tatsächlich aber wird die Sache zusehends bitter. Denn um die neue Partei braut sich eine Stimmung aus Larmoyanz, Neid und Aggression zusammen, die das Schicksal der deutschen Politik ganz unangenehm zu bestimmen droht.

Die neue Linkspartei bedeutet nicht nur die erste große Parteien-Innovation seit Gründung der Grünen. Sie führt auch zur Zersplitterung der deutschen Linken und bedroht die SPD in ihrer Rolle als Volkspartei. Dabei hatte die Linkspartei ihre Unschuld jedenfalls schon im Gründungsmoment doppelt verloren – durch ihre historische DDR-SED-Tradition (von der sie sich nie losgesagt hat) einerseits und durch ihre vulgär-sozialistischen Reflexe andererseits. Die Serie von Wahlerfolgen der Post-Kommunisten ist damit jenseits aller machtpolitischen Erwägungen eine moralische Niederlage unserer politischen Kultur. Es kommt einer Selbstoffenbarung gleich, dass wir so wenige Jahre nach der Revolution von 1989 offensichtlich schon vergessen haben, was die Wir-sind-das-Volk-Ostdeutschen damals so bravourös abschafften: eine Diktatur ebenjener Partei nämlich, die jetzt Wahlen entscheidet.

Zur bitteren Ironie der SED-PDS-Linkspartei gehört, dass sie von den Trümmern der von ihr selbst geschaffenen Diktatur auch noch profitiert. Ein Großteil der Probleme des heutigen Deutschland sind Erblasten der DDR. Und ausgerechnet deren Kader, die alten Stasi-Truppen, tun sich mit West-Kommunisten und einem rachedurstigen Saarländer zusammen, um die Massen der sozial Verängstigten zu mobilisieren. Mit ihrem real existierenden Sozialismus haben sie Ost-Deutschland einen historischen Ruin beschert, ein Trümmerland, das man mit mehr als 100 Milliarden jedes Jahr wieder aufbauen muss. Just diese Bankrotteure treten jetzt auf wie Robin Hoods.

Darüber könnte man fast lachen, wenn die Geschichte dieser Partei und ihrer Ideologie nicht eine derart inhumane Brandspur in unserer Geschichte hinterlassen hätte. Redet noch irgendjemand von den Mauertoten und den Gefolterten von Bautzen, vom großen Diebstahl an einer ganzen Generation, von den Tränen einer Nation? Gibt es kein Bewusstsein mehr, dass die sozialistischen Diktaturen Abermillionen in grausame Tode geschickt haben? Wir sind offensichtlich unfähig zu trauern mit den Opfern, wir haben ein steinernes, kaltes Herz beim Blick zurück ins Dunkelrot dieser totalitären Geschichte. Wir verdrängen und verharmlosen lieber. Doch das rächt sich.

Denn aus kalten Herzen erwächst der Linkspartei kein Widerstand bei ihrer systematischen Vergiftung des politischen Klimas in Deutschland. Sie schürt Ängste und Ressentiments, weil sie seit jeher eine Expertise für Angst hat. Mit ihr spürt Deutschland die fatale Wirkung populistischer Extremisten – nur nicht wie in anderen Ländern Europas von rechts. Der kulturelle Effekt bleibt der gleiche – Zersetzung des bürgerlichen Comments.

Marketing, Technik und das Holzspielzeug

Während auf der einen Seite die harte Vergangenheit ins Vergessen und Verdrängen geschoben wird, spülen wir andererseits die Gegenwart immer weicher. Jeder kennt Dieter Bohlen, Stefan Raab und Reiner Calmund. Aber wer hat schon von Herbert Kroemer, Wolfgang Ketterle, Günther Blobel oder Horst Störmer gehört? Alle vier sind deutsche Nobelpreisträger der vergangenen Jahre. Allerdings Naturwissenschaftler. Und da beginnt das Problem. Wir haben in Deutschland eine seltsame Hierarchie von Wichtigkeiten etabliert, die die technische und naturwissenschaftliche Intelligenz gering schätzt, die geisteswissenschaftliche höher und die inszenatorische am höchsten. Das Gewusste und Gekonnte sind uns zusehends weniger wert als das Interpretierte und noch weniger als das zur Schau Gestellte.

Entdecker, Erfinder, Tüftler – die konzentrierte Sphäre der pragmatischen Intelligenz hat Deutschland groß und vor allem reich gemacht. Es gab dereinst sogar eine Heldenkultur um Techniker und Naturwissenschaftler, woraufhin Kinder Forscher,

Ingenieure, Piloten, Lokführer, Ärztinnen werden wollten. Vorbei. Heute träumen sie von Model-, Fußballer- und Showmaster-Karrieren. Die Welt der Bühne hat die des Labors als Sehnsuchtsort abgelöst.

Das Phänomen betrifft inzwischen weite Räume des öffentlichen Lebens. Schon in den Grundschulen wird das soziale Gruppenreferat höher geschätzt als das Kopfrechnen. Später stigmatisiert die Jugendkultur die Mathe- und Physik-Leistungskursler zu »Spießer-Teckies«. An den Universitäten studiert man gerne Theater- oder Medienwissenschaften, lieber Marketing als Informatik, eher Ökotrophologie als Atomphysik. Denn irgendwann kommt ja auch die schick animierte Powerpoint-Präsentation des smarten Managers besser an als der Sachvortrag des ernsten Chefingenieurs.

Das Kleid des Marketing umschmeichelt alles. Selbst die Förderanträge für Grundlagenforschung. Professoren und Buchautoren, Politiker und Unternehmer, Sportler und Bischöfe, die heute etwas gelten wollen, müssen immer mehr darauf achten, dass sie medial präsent sind. Immer weniger hört man auf das, was einer zu sagen hat, als auf das Wie und Wo und vor wie vielen er es sagt. Ernst Jüngers Diktum »Die Technik ist unsere glitzernde Uniform«

hat sich ins Gegenteil verkehrt. Heute ist nur noch die glitzernde Uniform unsere Technik.

Man mag den Imperialismus der Mediengesellschaft schelten, die Technikfeindlichkeit der Postmoderne oder die Fahrigkeit einer Vergnügungswelt. Die Folgen sind jedenfalls heikel, denn uns zerrinnt die Grundlagenintelligenz wie in einer Sanduhr der Zerstreuung. In dieser Sanduhr aber steckt nichts weniger als unser künftiger Wohlstand.

Denn Deutschland lebt weder von Rohstoffen noch billigen Standortfaktoren, am wenigsten von der Kunst der Verzauberung, sondern vornehmlich von der pragmatischen Intelligenz seiner Menschen; vor allem von naturwissenschaftlicher Kenntnis und deren Anwendungskompetenz. Technikfeindlichkeit ist daher ein direkter Angriff auf unsere Wohlstandsbasis.

Deutschland hat seit 150 Jahren die besten Ingenieure, Mediziner, Mechaniker, Physiker, Maschinenbauer, Chemiker. Doch ein Terrain nach dem anderen geht verloren; und wer nach Gründen dafür sucht, findet manches wirtschaftliche und (bildungs-)politische Argument. In Wahrheit liegt die langsame Erosion unserer technischen Dominanz in einer kulturellen Haltung. Wir schätzen sie einfach nicht mehr genug.

In den USA feiern Medien von Time bis zur Los Angeles Times regelmäßig die Erfinder wie nationale Helden, in Japan stehen in Kindergärten Lerne-Computer, in China werden Naturwissenschaftler besser bezahlt als TV-Moderatoren, in Indien sind Mathematiker angesehener als Sportstars. Wir hingegen schauen auf Uschi Glas und Oliver Kahn und lassen es zu, dass Zehntausende unserer besten Wissenschaftler auswandern. So auch Wolfgang Ketterle und Horst Störmer, Günther Blobel und Herbert Kroemer. Sie alle forschen in den USA.

Die Gründe für das Ende der deutschen Ingenieursdominanz sind polit-kultureller Natur. Ein Blick in den Medienalltag entlarvt die Tiefenstruktur der Wahrnehmung. Beispiel Saturnlandung:

Nach sieben Jahren Flugzeit durch das All lassen die Europäer spektakulär eine Sonde auf einem Mond des Saturn landen, und nie gesehene Welten werden fotografiert. Ein großer Moment der Menschheit. Mal abgesehen von Deutschland. Der Mord an Mooshammer, das Schiedsrichterchen Hoyzer, der Schnupfen von Biathleten – alles wichtiger. Große, nationale Zeitungen melden die Landung mit der gleichen emotionalen Temperatur wie die Bilanzzahlen der Filzfabrik Fulda. Die Fernsehsender platzieren das Ereignis unter Vermischtes – irgendwo zwischen Camillas Hochzeit und Michelles Selbstmordversuch. Wir stellen die Hierarchie der Wichtigkeiten dauernd auf den Kopf.

Mehr noch: Unser Verhältnis zu Technik und Fortschritt, zur Wissenschaft, zu echter Leistung, zum Entdeckertum ist offenbar gestört. Andere Nationen – allen voran die Amerikaner – feiern Weltraummissionen oder technische Durchbrüche mit dem Bewusstsein des Heroischen. Wir nicht. Ganz und gar nicht.

Wie auch, wenn wir unseren Kindern lieber Holzspielzeug schenken als Laptops, wenn wir die Naturwissenschaften zum Abwahlfach an den Schulen degradieren, wenn wir Bohlen und Ballack zu Helden erklären, nicht aber unsere Wissenschaftler und Erfinder, wenn wir das Land lieber mit Windmühlen zustellen, als die Kernfusion zu erforschen. In unseren Familien werden Fernsehen, Internet und Computer als Übel der Moderne stigmatisiert und von Kindern möglichst ferngehalten. Dabei sind sie grandiose, mächtige Instrumente der Moderne.

Anstatt Plastikroboter bekommen unsere Kinder das naturhölzerne Schaukelpferd vom Urgroßvater geschenkt. Dabei dachte just dieser ganz anders.

Unsere Urgroßväter stellten ihren Kindern Miniatur-Dampfmaschinen und Spielzeug-Eisenbahnen ins Spielzimmer – Zeugnisse einer optimistischen Fortschritts-Edukation. Wir dagegen lassen die Kinder regressiv mit Natursteinen Zierrat herrichten, auf dass sie mit zwölf vielleicht ihren Namen tanzen, aber das Internet nicht bedienen können.

Ernst Jünger rief einst noch aus: »Die Technik ist unsere Uniform.« Wir haben diese Uniform abgelegt und schleichen lieber im Nachtgewand der Vormoderne umher. Von der Gentechnik über die Kernenergie bis zum Flugzeugbau erreicht der Ablehnungsaffekt jede Großtechnologie. Während andere mit Gen-Food Milliardengeschäfte machen, fackeln unsere Umweltaktivisten noch jeden Versuchsacker ab.

Die deutsche Technikfeindlichkeit ist nicht nur Ausgeburt der kapitalismuskritischen Linken oder toskanaseligen 68er, wie Neoliberale gerne meinen. Das konservative Bürgertum ist der eigentliche Nährboden unserer postmodernen Verweigerung, Adorno und Horkheimer bekommen posthum Recht. Die Dialektik der Aufklärung lässt Anthroposophen-Schulen boomen und homöopathische Medizin mitten im Bürgertum erblühen.

Wenn wir Deutschland siechen sehen, beklagen wir gerne die ach so reformunfähige Politik. In Wahrheit lähmt unser eigenes Bewusstsein einen kraftvollen Fortschrittsimpuls. Deutschland ist im ausgehenden 19. Jahrhundert stark und später reich geworden durch seine Konzentration technischer Intelligenz. Das Tüftlerethos, der Erfindergeist, die Maschinenbauerei waren Kerntugenden unseres industriellen Aufstiegs. Heute werden sie zu Relikten schwäbischer Heimatmuseen degradiert.

Nun wäre das Ganze amüsant, wenn es eine vorübergehende Wohlstandsmarotte, ein Entschleunigungsreflex, gewissermaßen das erleichternde Bäuerchen nach dem Trunk der Moderne bliebe. Tut es aber nicht. Die Postmoderne gräbt sich als mentales Raster tief in unserem Land ein. Inzwischen wird die Grundakzeptanz des Naturwissenschaftlichen untergraben – vom einstigen Heldenmythos eines Daimler, eines Sauerbruch, eines Schliemann oder Humboldt ganz zu schweigen. Welcher Junge will heute noch Lokomotivführer oder Ingenieur oder Astronaut werden. Pferdeflüsterer und Popsternchen sind die heutigen Leitbilder. Die Moderne wird schon im Kinderzimmer verloren. Oder erzählt jemand als Gute-Nacht-Geschichte die sagenhafte Reise zum Mond Titan?

Kulturkampf 1

Sommer 2006, Teheran: Ashraf Kolhari ist 37 Jahre alt. Iranerin. Mutter von vier Kindern und zum Tode verurteilt. Ihr Vergehen: Ehebruch. Paragraf 83 des iranischen Strafgesetzbuches verlangt als Bestrafung für Ehebruch einer verheirateten Frau die Hinrichtung durch Steinigung.

Sommer 2006, Berlin: Seyran Ates ist 43 Jahre alt, Anwältin für muslimische Frauen in Deutschland, die Gewalt, Beschneidungen, Zwangsheiraten, Ehrenmorde erleiden. Dafür erhielt sie Morddrohungen und musste zuletzt mit ansehen, wie ihre türkische Mandantin nach einem Scheidungstermin brutal zusammengeschlagen wurde.

Kolhari und Ates, leben in zwei Welten und sind doch bedroht vom gleichen Totalitarismus. Dessen Antlitz besteht nicht nur aus bombenlegenden Terroristen und atomwaffenbauenden Ideologen. Sondern auch aus Heerscharen kopftuchverhüllter Leibeigener: Frauen. Der Islamismus hat ein internationales System der Frauen-Apartheid errichtet, das Millionen Menschen ihrer Menschenrechte beraubt. Mit einer Selbstverständlichkeit, mit der der

Wind durch die Wüste geht, nimmt die Welt das hin.

Nicht immer. Im Falle Kolhari und Ates zum Beispiel nicht. Beide haben etwas Seltenes erfahren: Solidarität der Demokraten. Dank internationaler Proteste von Menschenrechtsgruppen ist Kolhari plötzlich begnadigt, und nach allseitigen Sympathiebekundungen macht die mutige Seyran Ates nun doch weiter.

Die Fälle Kolhari und Ates zeigen die Macht von Mut und Haltung. Beides Ausnahme-Kategorien. Denn im unangenehmen Konflikt mit dem Islamismus üben wir lieber kulturelles Zurückweichen. Wir gewöhnen uns an einen asymmetrischen Dialog, der darin besteht, dass wir zusehends schweigen und hinnehmen, wo die anderen fordern und austeilen.

Totalitarismus aber begegnet man nicht mit Appeasement, sondern mit Selbstbehauptung der Freiheit. Schon Karl Popper sah die Zerbrechlichkeit der offenen Gesellschaft und ermutigte: »Im Namen der Toleranz sollten wir das Recht beanspruchen, die Intoleranz nicht zu tolerieren.«

Ohne diesen Widerstand schleicht sich das Totalitäre in die Mitte der Gesellschaft. Schon heute berichten Universitätsdozenten von systematischen Einschüchterungen durch islamische Studentenvereine, wenn in irgendeiner Disziplin vermeintliche Glaubensfragen tangiert werden. In Großstadtschulen erleben Lehrer die Aggressivität muslimischer Eltern, falls Mädchen mit Jungen im Sportunterricht turnen, falls Ostern und Weihnachten den Lehrplan tangieren, falls über den 11. September oder über Israel diskutiert wird.

Wenn inzwischen auch der Papst von der Raserei des Ressentiments getroffen wird, dann hat man ihn nicht missverstanden, man hat ihn missverstehen wollen, weil man ihn und mit ihm den Westen hasst. Der kulturelle Dschihad ist unterwegs, er organisiert den globalen Kommunikationsraum wie früher linke Spontigruppen die Unis: mit einer subtilen Mischung aus latenter Gewalt, rhetorischer Aggressivität und moralisch aufgeladenen Opfermythen. Es geht ihm nicht um Dialog, sondern um Stigmatisierung. Sein Ziel ist es, den vorpolitischen Raum systematisch mit Denk-, Kultur- und Redeverboten zu belegen. Erst die Schriftsteller und Künstler wie Rushdie und Van Gogh, neulich die Karikaturisten aus Skandinavien, jetzt der Papst und morgen das Gute-Nacht-Gebet unserer Kinder, das als üble Provokation des Propheten interpretiert werden könnte. Das Tabuisieren zielt auf den Freiheitskern unserer Kultur – wir sollen nicht mehr sagen dürfen, was wir denken und glauben. Wenn sich aber sogar der Papst abgewöhnen sollte, eine theologisch komplexe Rede darüber zu halten, dass Gewalt im Glauben nichts zu suchen habe und der Frieden das göttliche Prinzip sei, dann hätten wir den Frieden schon verloren.

Auf der politischen Bühne sehen wir die Ränder der islamischen Welt zusehends blutig werden. Wir ahnen, dass der Kampf der Kulturen eine Reprise des Kalten Krieges wird, und wir bereiten uns darauf vor. In der Sphäre der Kultur sind wir noch verteidigungsunfähig. Selbst unter Journalisten macht sich Selbstzensur breit. Man berichtet über Machenschaften islamischer Gruppierungen lieber nicht mehr, weil man im besten Fall mit Gerichtsverfahren von Milli Görüs überzogen wird, im schlechten Fall eine offene Morddrohung im privaten Briefkasten liegt.

So baut sich in der Gesellschaft eine Mauer des Schweigens auf. Eine bleierne Mischung aus Angst, naiver Selbstzensur und falsch verstandener Toleranz strömt in den Alltagsdialog der Kulturen. Man muss nicht gleich dem Pathos Nietzsches (»Übertriebene Toleranz ist ein Beweis des Misstrauens gegen das eigene Ideal«) oder dem Rigorismus des französischen Aufklärungs-Philosophen Claude-Adrien Helvetius (»Wer die Intoleranten duldet, macht sich an ihren Verbrechen mitschuldig«) huldigen, um zu erkennen, dass der Dialog der Kulturen mit uns selber beginnt. Kolhari und Ates sollten uns Mut zum Mut machen.

Kulturkampf 2

Die Uno empfiehlt ihn, mein Nachbar auch. Die EU rät dazu, die Nato, der Kebabverkäufer, die Bundesregierung und der Postbote, die Linke, die Rechte, Grüne, Graue, Blaue, das Militär sogar. Ich auch! Der »Dialog der Kulturen« ist ein »Alles-Wird-Gut« für die Weltpolitik, ein Fetisch der Selbstberuhigung, eine Zauberformel wider die Ratlosigkeit vor religiösen Konflikten. Der Begriff wird so oft beschworen, dass man langsam misstrauisch wird.

Erstens offenbart er politische Hilflosigkeit vor der Größe des Konflikts, der sich da zusammenbraut. Was der Kalte Krieg im 20. Jahrhundert, das dürfte der Kampf der Kulturen im 21. Jahrhundert werden. War das geteilte Deutschland damals der Frontstaat, so ist dies heute Israel. Wieder werden Mauern errichtet, Atombomben gebaut, Ideologien mobilisiert, Stellvertreterkriege geführt. Die Kontrahenten, aggressive Ideologen, einst Kommunisten, heute Islamisten, machen die eigentliche Qualität der Auseinandersetzung klar: Hier geht es nicht um Karikaturen oder Kopftücher, hier geht es um das Ganze.

Der »Dialog der Kulturen« ist dabei begrifflich so etwas wie die »friedliche Koexistenz« im Kalten Krieg. Ein politischer Waffenstillstandsversuch, eine rhetorische Anästhesie, die die schläfrige Einsicht befördern soll, wo Rauch ist, sei kein Feuer, sondern eine Menge Menschen mit Friedenspfeifen.

Zweitens macht einen stutzig, dass der Begriff entweder als Tautologie daherkommt, als weißer Schimmel gewissermaßen. Denn es gibt gar keine Kultur ohne Dialog; auch keinen Dialog ohne Kultur. Ein Dialog der Kulturen ist etwas so minimal Selbstverständliches, dass die Forderung danach für eine echte Kultur fast beleidigend ist.

Oder aber der Begriff soll etwas egalisieren, was nicht egal ist: Freiheit und Ideologie zum Beispiel, Menschenrecht und Fundamentalismus, Karikatur und Waffe. Man hat zuweilen den Verdacht, dass der »Dialog der Kulturen« so gerne beschworen wird, weil es einem unangenehm ist, brutale Wahrheiten anzuerkennen. Wenn Frauen millionenfach misshandelt werden, wo liegt der kommunikative Kompromiss? Wenn Kinder zu Selbstmordattentätern erzogen werden, was gibt es da zu dialogisieren? Wenn Israel ausgelöscht werden soll, kann man darüber ernsthaft reden?

Wenn man im Westen nun, anstatt die Freiheit der Kritik zu verteidigen, in Sachen Karikaturen Selbstzensur übt, dann kann man auch gleich Lessings Ringparabel aus dem Lehrplan streichen, denn diese relativiert die Lehre Mohammeds. Dieser »Dialog der Kulturen« bestünde dann wohl darin, den Pudel der Toleranz so lange zu streicheln, bis der eigene Maulkorb fertig ist.

Ein drittes Element macht das Mantra vom »Dialog der Kulturen« zwiespältig. Wovon handelt eigentlich dieser Dialog? Von Politik und Macht? Von Kunst und Literatur? Nein, er müsste im Kern von Religionen handeln. Da aber sind viele im Westen diskursunfähig geworden. Die weithin säkularisierte Kultur des Westens ist sich ihrer religiösen Tiefenstruktur gar nicht mehr bewusst. Wie soll eigentlich dialogisiert werden, was man selber gar nicht mehr versteht. Wer im Westen hat noch eine präzise Vorstellung von etwas Heiligem? Wovon man nicht sprechen kann, darüber muss man schweigen, empfahl Ludwig Wittgenstein.

Es geht beim Dialog der Kulturen also um keine ernste Empfehlung für etwas Konkretes, es geht um eine politische Befriedungsvokabel. Sie soll sagen: Lasst uns bloß lieb miteinander sein. Das ist schön und gut. Und zuweilen können diplomatische Scheindialoge viele brennende Fragen wenigstens in eine schwelende entschärfen.

Nur – bei der Struktur des vorliegenden Konfliktes klingt dies ein bisschen nach dem Kind, das in eine Schlangengrube gefallen ist und den Reptilien nun vorschlägt: Wollen wir nicht lieber reden als beißen?

Den Konflikt mit dem Islamismus kann man kaum mit intellektuellem Appeasement entschärfen. Vielmehr mit kultureller Selbstbehauptung. Wenn man sich aus Teheran vorschreiben lässt, welcher Journalismus vertretbar ist und welcher nicht, stellt man sich freiwillig unter die Knute der Religionspolizei. Das wäre Selbstverrat an der Aufklärung. Unser Wertegefüge wird von islamistischen Ideologen systematisch herausgefordert. Wir sollten dem weder aggressiv noch kriecherisch begegnen. Sondern mit ernstem Stolz und Selbstbewusstsein einer reifen Kultur, die nach so vielen inneren Tragödien um den Wert der Freiheit weiß. Dem »Dialog der Kulturen« muss eine Mobilisierung der eigenen Kultur vorausgehen.

Kulturkampf 3

Der Kampf der Kulturen erreicht selbst die Insel der Seligen: In Holland brennen Moscheen und Kirchen, in Den Haag rückt das Militär gegen Granaten-werfende Islamisten vor, das Klima der Toleranz ist ausgerechnet im tolerantesten Staat Europas gründlich vergiftet. Der Mord an Theo van Gogh markiert nicht nur den Anfang einer neuen Dimension des islamischen Terrorismus. Er belegt zugleich das Ende einer großen Selbstlüge Europas: Sein Multikulturalismus kollabiert.

In den Staaten Mitteleuropas hat sich seit den siebziger Jahren eine Haltung breit gemacht, die den inneren Multikulturalismus zum Gesellschaftsziel erkor. Man glaubte, mit vielen Döner-Buden, fleißiger Zuwanderung und der Huldigung von Kanak-Deutsch die alten Nationalinstinkte auszutilgen, die Nazi-Katastrophe sozusagen mental rück-abzuwickeln. Ein Stück Wiedergutmachung durch kulturelle Selbstvernichtung also.

Nun schlägt dieser masochistische Zug des Multikulturalismus zurück – was als geistiger Karneval der Kulturen begann, ist inzwischen ein Halloween der Entfremdung. In unseren Großstädten leben Millionen arbeitsloser Muslime in Parallelwelten, die Hassprediger der Moscheen haben Deutungsmacht wie einst Demagogen, und der Rassismus ist zurück in vielen Köpfen. Saudi-Arabien finanziert eine Massen-Bewegung des Anti-Semitismus, und immer neue Terrorzellen denken sich immer üblere Gräueltaten gegen alle Ungläubigen aus.

Gerade die Bruchstellen des naiven Multikulturalismus werden von Extremisten angezündet, und sein Feuer breitet sich so rasch aus, weil die kulturelle Integrität der Gesellschaft bereits ausgehöhlt ist. Wer es pragmatisch liebt, wird zugeben: Der Multikulturalismus hat mehr Probleme erzeugt, als dass er welche gelöst hat. Wer es polemisch mag, wird wie Oriana Fallaci oder Leon de Winter rufen: Der Multikulturalismus ist eine Pest.

Interessanterweise werden ausgerechnet die liberalen Kosmopoliten Europas – von Josef Joffe über Bernhard Levy bis Alice Schwarzer – zuweilen die schärfsten Kritiker des inneren Multikulturalismus. Dabei lebt ganz Europa von der Idee des äußeren Multikulturalismus. Dieser ist ein rechtsstaatlich verfasster, einer nach traumatischen Erfahrungen gewollter, ein tradierter Multikulturalismus der Vaterländer, nicht des Schmelztiegels, einer, der vom Baltikum bis nach Portugal auf abendländisch-christlichem Boden steht. In diesem Multikulturalismus ergeben sehr unterschiedliche Steine ein großes, schönes Mosaik.

Der andere, innerstaatliche Multikulturalismus, der uns aus muslimischen Problemgebieten einen Kulturgewinn vorgaukeln will, der ist ein Stein in sich selbst. Seine dunkle Farbe macht kein Mosaik, sie macht blind. So hat man jahrelang weggeschaut, als muslimischen Frauen mitten in unseren Gesellschaften die Menschenrechte aberkannt wurden, als in Europas Moscheen Mordfantasien gelehrt wurden, als sich in »Kulturvereinen« muslimische Waffenbruderschaften formierten. Jetzt werden wir zum Opfer unserer eigenen Ohnmacht. Wenn aus dem viel beschworenen »Dialog der Kulturen« inzwischen ein Monolog des Rassismus geworden ist, sollte man innehalten.

Der Amsterdamer Soziologe und sozialdemokratische Vordenker Paul Scheffer warnt davor, dass die Ohnmacht gegenüber der Intoleranz der größte Feind jeder Toleranz zu werden droht. Demokratien müssen streitbar und wehrhaft sein, wenn sie Demokratien bleiben wollen. Für Kulturen gelte das aber auch. Solche Positionen wären von Linken bis vor kurzem undenkbar gewesen. Europas Linke fühlte sich jahrzehntelang mit den islamischen Bewegungen emotional verbunden – man trug Arafat-Tücher, hasste den Schah, huldigte Khomeini und sah selbst im islamistischen Terror noch legitime Züge im Kampf gegen den amerikanischen Kapitalismus. Vorbei. Nicht zuletzt der Mord an van Gogh bewirkt einen Umdenkungsprozess.

Und er zwingt Europa, sich seinen Werten, seiner wankenden Identität zu stellen. Wahrscheinlich entdeckt der alte Kontinent dabei seine eigene religiöse Tiefenstruktur wieder neu. Die Zeiten jedenfalls, da wir an Geld oder gar nichts geglaubt haben, als wir postmoderne Identitäts-Patchworker waren, als wir Multikulti als eine Variante von Monopoly betrachteten, gehen zu Ende.

Die Rückkehr der Moral

Erinnern Sie sich noch an Jimmy Carter oder Ralph Giordano oder Rita Süssmuth. Die moralischen Gefühlstaucher waren einst so in Mode, dass man ihren Epigonen an Elternabenden ebenso begegnete wie auf Weihnachtsbasaren und in Talkshows. Ihre Betroffenheitsrituale und ihre Lichterketten nervten irgendwann. Denn sie wussten moralisch immer alles besser – die selbstgefälligen Sachverwalter des Ethischen. Plötzlich gab es ein Schimpfwort für sie, das im aufbrandenden Meer der Political Correctness wie ein Mond die Ebbe erzwang: Gutmenschen!

Der Begriff wirkte Wunder. Ob Claudia Roth oder Michel Friedman oder Johannes Rau – es reichte ein Wort, und sie waren entlarvt. Die Harald-Schmidt-Generation witzelte den Begriff schließlich derart hinein in den Sprachgebrauch, dass jeder Sandkastenbub den anderen einen Gutmenschen schimpfte, wenn der nur seine Schokolade teilen wollte.

Heute hat sich der Witz erledigt. Denn es gibt keine Gutmenschen mehr, sie sind verschwunden wie die ganze Welt der Moralität aus dem politischen Raum. Heute sind alle nur noch Macher. Die postmoralische Welt triumphiert. Machiavelli hätte seine helle Freude daran, wie sehr doch die »Realpolitik« wieder alle Deutungsmacht erlangt und Helmut Schmidts Bonmot Zustimmung erfährt, wonach Visionäre und Moralisten doch bitte zum Arzt gehen mögen.

Die Demaskierung des Moralischen lässt das ironische Prinzip triumphieren. Leider. Denn nun kann man im öffentlichen Diskurs beobachten, wie wir ins andere Extrem verfallen und alles Ethische als naive Schwäche diskreditiert wird. Damit aber kommen uns zusehends die letzten Maßstäbe abhanden.

Die CIA-Affäre zeigt, wohin das überzogene Diktat der Realpolitik führen kann. Zu einer Guantanamoisierung des politischen Gewissens. Das trifft nicht nur Amerika und die Bush-Politik, die ärgerlicherweise dazu neigt, den Zweck viele Mittel heiligen zu lassen.

Es trifft auch unsere rot-grüne Ex-Regierung, die Amerika und seinen Irakkrieg beschimpfte, um Stimmungspunkte zu sammeln und gleichzeitig mit dubiosen Machenschaften der Geheimdienste und einem zweifelhaften Militäreinsatz in Afghanistan Amerika zu beschwichtigen. Ist das realpolitisch vertretbar oder doch nur verlogen?

In der Politik wie in der Wirtschaft häufen sich jedenfalls Exzesse, die aus einer Missachtung moralischer Werte herrühren. Gerade die beiden Kraftzentren gesellschaftlicher Macht brauchen Kultur und Ethik wie Pubertierende die Grenzen. Denn wer sich nur auf die Machbarkeit reduziert, der verliert seine Integrität. Wem althergebrachte Kardinaltugenden nur mehr als niedliche Accessoires einer Welt erscheinen, in der das Eigentliche immer das Moralfreie zu sein hat, der lebt nicht nur ein ziemlich kaltes Leben, er lebt ein falsches. Es mag erst das Fressen kommen und dann die Moral, aber ohne Letztere schmeckt Ersteres bitter.

Ohne Moral besehen, ist Kuba cool und Fidel Castro eine Pop-Ikone. Tatsächlich ist er ein Diktator und seine Insel eine Folterrepublik. Ohne Moral besehen, ist China die Zukunft und Schanghai die vibrierende Metropole des 21. Jahrhunderts. Tatsächlich ist China eine perverse Liaison von Parteiendiktatur mit Vulgärkapitalismus, und in Schanghai kann man kaum mehr atmen oder Wasser trinken, weil selbst die Natur vergewaltigt wird. Ohne Moral besehen, sollen die Islamisten doch ihre Frauen behandeln, wie sie wollen. Tatsächlich findet im arabischen Raum eine unerträgliche Frauen-Apartheid millionenfacher Unterdrückung statt. Ohne Moral betrachtet, ist Klonen so wunderbar wie ein Eroberungskrieg.

Der englische Premierminister William Ewart Gladstone brachte es schon im 19. Jahrhundert auf den Punkt: »Was moralisch falsch ist, kann politisch nicht richtig sein.« Moralferne zerstört letztlich die innere Legitimität aller Macht. Das ist auch der Grund, warum die Linke, die so viele Jahre mit sozialistischen und kommunistischen Diktaturen ihre Liebäugeleien gepflegt hat, über schwindende moralische Autorität verfügt. Dem bürgerlichen Raum droht ein ähnlicher Effekt, wenn er sich seines christlichen Resonanzbodens zugunsten einer hyperliberalen Machbarkeitsethik beraubt.

Ganz frei im Kopf

Die Verflüchtigung der Moral hat einen Helfershelfer in der modernen Hirnforschung. Ihr Aufstieg in der öffentlichen Wahrnehmung diente vielfach der Untermalung postmoderner Freiheitsfantasien. Denn der hirnerforschte Mensch kannte weder Sinn noch freien Willen. Alles löste sich auf in zelebralen Effekten. Die autonome Person wurde zusehends zum Leibeigenen seines Hirns, zum »Sklaven am Königshof der Synapsen« (Thomas Assheuer). Denn je mehr man glaubte, die biologischen Funktionsweisen von Vorstellungen, Sprache, Metaphern, Fantasien und Ideen exakt, geradezu stromstoßgenau nachzuvollziehen, desto mehr schienen sie sich zu reinen Illusionskulissen zu verkleinern.

Je tiefer die Hirnforschung eindrang in unser Gehirn, desto mehr wurde der Mensch aus der Heimat seiner selbst vertrieben. Das Liebesspiel erklärte sich plötzlich als nervöse Nervenzuckung, die Trauer als Hormonzischen, die Sehnsucht als Durchblutungsrelation bestimmter Gehirnteile. Alles schlüsselte sich funktional auf, bis dass der freie Mensch nur noch eine zelluläre Komposition war, aber kein Ich mehr hatte. Diese naturalistische Mode ist populär, das Publikum betrachtete sich gerne als chemisch begabte Affen, denn funktional heben sich plötzlich auch Schuld und Verantwortung auf. Die Kategorie der Moral und Personalität verschwindet in einem informationsverarbeitenden Bio-System.

Der Neo-Naturalismus feiert in der Popularisierung der Hirnforschung einen ungeahnten Erfolg. Nietzsche hätte seine helle Freude daran, dass die vermeintlich schwachen Untermenschen nun endlich auch erkennen, dass Moralitäten reine Fiktionen sind. Die naturalistische Diesseitsreligion erfüllt den Menschen die Sehnsucht nach Geborgenheit in einer totalen Ordnung – und sei es die Ordnung naturwissenschaftlicher Logik. Sie fügt den Globalisierungsverlorenen wieder ein in einen Sinnzusammenhang der Evolution. Das Problem ist nur: Sinn hat nur der Funktionsablauf, weder aber das Ganze noch der Einzelne. Der Mensch als chaotische Biomasse, dessen Taten und Gedanken bloß neuronale Eruptionen darstellen, ist nur schein-frei. Sein Selbstbild passt zwar in die Nische der Weltgeschichte zwischen dem Fall der Berliner Mauer und dem 11. September, weil er jede Schuld- und Verantwortungsbindung abgeschüttelt hat – doch sein

Zustand wurde in Wahrheit unfreier denn je. Denn zur Freiheit gehört die Ichnatur, die Strapaze der Autonomie. Die Freiheit, Synapsen glühen und Moleküle andocken zu lassen, haben wir ja nicht mehr. Das tun die von selbst. Der postmoderne Mensch gerät also auch von naturalistischer Seite zu dem Punkt, wo er die Freiheit neu definieren muss als Gebundenheit.

Theocons statt Neocons – Die Wiederkehr der Religion

Papst-Happenings der deutschen Jugend, Bibelstunden in New Yorker Großbanken, die islamische Welt im Religionswahn, selbst Hape Kerkeling schreibt einen Bestseller übers Pilgerreisen. Die Religionskritik tut ihre letzten Seufzer, denn Gott kehrt zurück, und zwar mit Macht. Nicht nur als theologische Kategorie, revitalisierte Tradition oder spirituelle Kraft. Er kommt mitten hinein in den öffentlichen Raum. Unerwartet und mächtig. Und mit ihm der heilige Ernst. Zwei Drittel der deutschen Jugendlichen halten plötzlich »Glauben für in«; drei Viertel aller Harvard-Elitestudenten gehen wieder jeden Sonntag in die Kirche.

»Als hätte das verblendete Attentat vom 11. September im Innersten der säkularen Gesellschaft eine religiöse Saite in Schwingung versetzt«, deutet der Philosoph Jürgen Habermas die Wiederkehr der Religion. Die Diagnose, dass die religiösen Saiten wieder schwingen, stimmt zwar. Doch tun sie das schon länger als nur fünf Jahre lang. So wenig wie das Erdbeben von Lissabon 1755 die Geburtsstunde der Aufklärung war, so wenig ist das Attentat von

New York 2001 der Startschuss für das neoreligiöse Zeitalter.

Der Trend bahnte sich bereits tief in der zweiten Hälfte des 20. Jahrhunderts an. Es war die doppelte humanitäre Katastrophe des Faschismus und Kommunismus, die den aufklärerischen Marsch in die Moderne ethisch entkleidet hatte. Die kulturelle und intellektuelle Pervertierung des Fortschrittsglaubens in entgöttlichten, radikaldiesseitigen Ideologien beendete letztlich den Säkularisationsprozess. Denn dieser hatte seine moralische Integrität verloren.

Das 20. Jahrhundert war theologisch gesehen eines der gottlosesten der Menschheitsgeschichte. Politisch gesehen wurde es auch deswegen zur humanitären Katastrophe. Die großen ideologischen Ersatzreligionen haben aus der Heimat aller modernen Kultur, aus dem guten, alten Europa die grausame neue Hölle gemacht – und es damit verraten. Europa hatte nach dem Dreißigjährigen Krieg 1618-1648 einen politischen wie intellektuellen Comment, dass es im Sinne der praktischen Vernunft wohl besser sei, den lieben Gott aus der Politik und dem Leben zu verbannen. Nur – infolge der philosophischen und habituellen Tötung Gottes zum

Ende des 19. Jahrhunderts geriet Europa ins andere Extrem. Aus Furcht vor dem Trauma religiöser Verblendung geriet man in eine Freiheitsverblendung. Die beiden Weltkriege wirken aus heutiger Perspektive jedenfalls wie der zweite Dreißigjährige Krieg Europas. Der erste war von radikalen Theismen getrieben. Den zweiten schürten radikale Atheisten.

Die Todesmaschinerien von Faschismus und Kommunismus, die Europa und die Welt bis 1989 geprägt haben, haben einen ähnlichen psychologischen Langzeiteffekt wie der erste Dreißigjährige Krieg. Nur umgekehrt. Sie – und nicht die islamistischen Attentäter – haben die religiösen Saiten wieder zum Schwingen gebracht. Die Katastrophe des 20. Jahrhunderts hat die Sehnsucht nach einer religiösen Unbedingtheit zurückkehren lassen. Die teleologiefreie Zone der Weltgeschichte ist implodiert. Lange vor dem 11. September ist das Pendel Gottes zurückgeschlagen.

So wurde auch der moderne Islamismus erst geboren, als Europa geistig und moralisch Bankrott erlitten hatte. Das weltanschauliche Vakuum, das die europäische Kultur hinterließ, saugte die politisierte Religiosität an wie eine Unterdruckkammer die Luft. Der ethische Offenbarungseid des Westens machte einen westlichen Schah mit seinem Prunk sturzreif und überließ extremistischen Mullahs den Schauplatz. Sie okkupierten vor allem aber das brachliegende Feld des Moralischen und konnten es politisch systematisch instrumentalisieren.

Dabei ist die aggressive Vitalität des Islam nur die sichtbarste Entwicklung eines globalen Trends. Auch der christlich-orthodoxe Kulturkreis, ganz Osteuropa lädt sich religiös neu auf. Asien befindet sich in theologischer Restauration. Vor allem aber in den USA – der wichtigsten Nation des Erdkreises – ist der Prozess allenthalben manifest und politisch bereits umgeschlagen. Immer deutlicher sieht man, dass die neue Religiosität politisch dramatische Folgen haben könnte – selbst so säkular geprägte Staatengebilde wie China und Indien werden plötzlich erschüttert durch die Religionsbewegung.

Das 21. Jahrhundert wird wohl auch uns Europäer lehren, dass das Agnostische nicht das Ende der Geschichte ist. Vielleicht wird Europa aufgrund seiner enormen intellektuellen Kraft sogar vom ungewollten Verursacher des Neoreligiösen zu einem kulturellen Gestalter dieses Prozesses. Was man nur wünschen kann, um den gefährlichen Teil dieses gewaltigen Trends gewissermaßen zu zivilisieren. Denn die Wiederkehr von »Glaubenskriegen in der Weltpolitik« (Röhrich), der blutige »Clash of Civilizations« (Huntington) ist längst kein Gespenst von Scharfmachern mehr. Da könnte Europa, das nun schon aus historischer und geistesgeschichtlicher Erfahrung genau um die gefährliche Ambivalenz des Heiligen weiß, das wilde Pferd des Neoreligiösen zähmen, domestizieren und zum kultivierten Ausritt bewegen.

In der Ursachenforschung für das globale Comeback der Religion interpretieren wir Europäer den Vorgang gerne materialistisch – als Sekundäreffekt von sozialen oder wirtschaftlichen Phänomenen. Erst zögernd begreifen wir, dass die neuen Konflikte eher wenig mit Geld – aber ganz viel mit Gottessehnsüchten zu tun haben. Die meisten Attentäter entstammen wohlhabenden Familien, sind gebildet und haben beste Perspektiven für ein gutbürgerliches Leben nach westlichen Vorstellungskategorien. Die Annahme, hier handle es sich um ein soziales Phänomen, hier revoltierten die armen Massen des islamischen Raums gegen die ungleiche Verteilung von Reichtum in der Welt, ist widerlegt. Inzwischen begreifen wir, dass immer mehr Menschen auf der Erde nicht von Geld und Gier, sondern von religiösen Gefühlen motiviert werden.

Auch das zweite Erklärungsmuster – es handle sich bei den neoreligiösen Bewegungen um ein Phänomen zurückgebliebener Kulturen, erweist sich als falsch. Im Westen ist der modernste und am höchsten entwickelte Staat – die USA – religiös am weitesten aufgeladen. Im islamischen Raum sind es ebenfalls die reichen und in vielem hoch entwickelten Länder wie Saudi-Arabien oder der Iran, wo die religiösen Impulse für politisches Handeln am aggressivsten sind. Das neoreligiöse Zeitalter wird nicht von den Peripherien, sondern von den Kraftzentren der Globalisierungsbeschleunigung definiert.

Auch bei den aufstrebenden Weltmächten von Brasilien über Nigeria, Indonesien und Indien bis China geht der wirtschaftliche und politische Aufbruch einher mit religiöser Selbstaufladung der Kultur. Selbst Russland lebt den Kulturwechsel in seiner vollen Bandbreite aus. Die Sowjetunion, die bekennend atheistische Weltmacht schlechthin, ist einem russischen Staat gewichen, der die alte orthodoxe Kultur im Zeitraffer revitalisiert. Putin behauptet mit der Selbstverständlichkeit eines modernen Zaren, dass der christlich-orthodoxe Glauben »für die Verankerung, Entwicklung und Zukunft von Russland« entscheidend sei. Binnen zwei, drei Jahrzehnten ist die Religion in Russland aus den entlegenen Nischen provinzieller Privatheit zurückgekehrt mitten hinein in das politische und gesellschaftliche Bewusstsein einer Weltmacht. Alexander Solschenizyn hatte 1994 in einem dramatischen Appell offen gefordert: »Holt Gott zurück in die Politik!« Inzwischen ist es geschehen. Nach jüngsten Umfragen glauben wieder mehr als zwei Drittel aller Russen an Gott. Der atheistische Homo sovieticus ist eine Episode der Geschichte geblieben.

Wenn man die Wiederkehr des religiösen Bewusstseins im politischen Raum weiterdenkt, lässt sich erahnen, welche formative Kraft in diesem Prozess steckt. Womöglich wird das Nationale als Identifikationsfigur der Massen nachlassen, insbesondere in einer globalisierten Welt des permanent erfahrbaren Multikulturalismus. Vielleicht wird die Religion das neue Gefäß kollektiver Identität. Schon jetzt macht der Begriff der »Glaubensbrüder« Karriere. Im islamischen Raum ist er längst zu einem starken Ferment politischen Verhaltens geworden. Wer sagt uns, dass wir nicht bald auch im Westen die politische Weltkarte in den Kategorien des Christlichen betrachten und politische Ereignisse danach beurteilen?

Unter westlichen Intellektuellen wird das Comeback der Religionen überwiegend kritisch beäugt. Dabei ist die Sorge vor einem Niedergang der Freiheitskultur verständlich. Allerdings verstellt sie zugleich den Blick auf die positive Seite der Entwicklung. Denn bei allen Mahnungen vor Verlusten gibt es auch Optionen auf Zugewinne ethischer, kultureller und politischer Natur. So bedeutet ein Comeback des religiösen Bewusstseins in den westlichen Gesellschaften automatisch eine Wiederkehr der Kulturgeschichte, des Kulturbewusstseins. Das ist – nach Jahrzehnten der kulturellen Regression, der Infantilisierung und systematischen Geschichtslosigkeit – keine schlechte Aussicht.

Im Bildungsbetrieb ist die kulturelle Selbstschwächung durch Werte-Indifferenz besonders sichtbar geworden. Der Angriff auf alle Autoritäten, vom Lehrer bis zu Goethe, zerstörte nicht nur Elitekultur und Leistungsethos, sondern vor allem Orientierung. Man mag eine politische Bewegung wie die 68er dafür schelten, in Wahrheit aber geht die bewusste Abkehr des Respekts vor Größe tiefer. Die

Idee der Größe ist ein zutiefst religiöses Motiv. Sie mag eine metaphysische Qualität haben wie in der Theologie oder eine »romantische Tiefgründigkeit«, wie sie Isiah Berlin stets forderte. Doch aus der Perspektive einer total säkularisierten Kultur ist weder das eine noch das andere erstrebenswert. Postmetaphysische Pädagogik zerstört darum instinktiv jede Orientierung an Größe. Umgekehrt aber wird eine metaphysische Neuorientierung sehr schnell die Pädagogik wieder an Größen aufrichten können und die Bildungskultur revitalisieren. Das ist der Grund, warum die vom staatlichen Bildungsbetrieb enttäuschten Eltern ihre Kinder wieder so gerne auf kirchliche Schulen schicken. Sie wissen instinktiv um den Zusammenhang von kultureller Kraft und religiösem Bewusstsein.

Auch ein Blick auf die Wachstumsraten lehrt uns neuerdings, dass es einen direkten Zusammenhang von Erfolg und Glaube in den Kulturen gibt. Nicht im napoleonisch-disziplinierenden Sinne (»Ohne Religion ist Ordnung in einem Staate unmöglich«), auch nicht im schopenhauerisch-tröstenden Sinne (»Religionen sind wie Leuchtwürmer, sie bedürfen der Dunkelheit, um zu leuchten«), sondern ersichtlich in der schlichten Frage von Leistung, innerem Zusammenhalt und Vitalität einer Gesellschaft.

Eigenartig an der Religion ist ihr Wechselspiel von Be- und Entschleunigung. Sie motiviert Menschen und hegt die Motivation zugleich ein. Soziologen sprechen in diesem Zusammenhang zuweilen von »geordneter Dynamik« religiöser Gesellschaften.

Max Weber hat einst im Protestantismus die Urkraft für den modernen Kapitalismus erkannt. Vielleicht liegt heute eine Ursache für das Zeitlupenhafte des erodierenden Europa gerade in seinem Nihilismus. Womöglich kann eine Gesellschaft, die an nichts glaubt, auch nicht an ihre Zukunft glauben, auch nicht an sich selber.

Ebenso wichtig ist die Frage nach der Ethik: Jean Paul brachte die ethische Magie aller Religion einmal auf die romantische Formel: »Wo Religion ist, da werden Menschen geliebt.« Zumindest sollen sie geliebt werden. Das ethisch Normative gehört zur Religion wie das Gesetz zum Staat. Genau dies macht die Religion so wertvoll für die moralische Verfassung von Gesellschaften. Es ist darum kein Zufall, dass in fast allen ethischen Debatten – von der Abtreibung über das Klonen bis zur Sterbehilfe – die religiösen Vorbehalte die wirkmächtigsten

Widerparte eines totalen Laissez-Faireismus geworden sind. Nicht dass ihre Positionen per se immer ethisch gut und richtig seien – aber ihr schieres Dasein verlangt der Gesellschaft die ethische Diskussion über die Grenzen der totalen Machbarkeit ab.

Das Paradox zwischen technischer Aufrüstung und moralischer Abrüstung kann man als »ethische Desintegration« betrachten, mit Max Weber den »Sinnverlust« oder mit Émile Durkheim das »Moraldefizit« erkennen – in jedem Fall dürfte dies die Rückkehr der Religion als ethische Macht befördern.

Der Schriftsteller Mario Vargas Llosa beschreibt die Lage so: »Wir haben uns geirrt, als wir behaupteten, die Menschen könnten ohne Religion auskommen. Aber nur eine Minorität ist in der Lage, Religion und Ethik durch Kultur zu ersetzen. Die große Mehrheit der Menschen braucht Transzendenz. Deshalb sollte man die Religion nicht bekämpfen.«

Es gibt ganz offensichtlich jene urwuchtige spirituelle Kraft, die aus der Tiefe des menschlichen Wesens gespeist wird. Man kann es auch Heimweh nach Gott nennen. Dieses Heimweh wird stärker. Vielleicht wird der Mensch des 21. Jahrhunderts wieder Mystiker, vielleicht wird sein Heimweh der Reflex auf die Raserei der Moderne, vielleicht braucht er religiöse Moral als ethischen Halt mehr denn je, vielleicht wird der Religiöse der eigentliche Revolutionär unserer Zeit, vielleicht wird er irgendwann erklären: Credo, ergo sum.

Der philosophische Post-Relativismus

Seit der Aufklärung ist die Kritik des Metaphysischen Teils unseres geistigen Wohnzimmers wie das Sofa der Erkenntnis. Kant vollzog die Grenzfestlegung unserer Erkenntnis, Hume (»Naturgeschichte der Religion«), und Feuerbach (»Das Wesen des Christentums«) erinnerten uns an den Projektionscharakter der Religion, Marx enttarnte ihr politisches Wesen (»Opium des Volkes«), und mit Freud (»Die Zukunft einer Illusion«) betrachten wir Gott immer auch als Vexierspiel unserer eigenen Psyche. Nietzsches intellektueller Mord an Gott war dann im Grunde nur noch pompöse Leichenfledderei, denn seine geistigen Wegbereiter hatten schon getötet.

Am Ende schuf die Religionskritik, ob sie heideggeristisch oder linksideologisch daherkam, ihre eigene negative Theologie. Adornos Assistent traute sich nicht einmal mehr, in seinem Kollegenkreis zuzugeben, dass er in seiner Freizeit Orgel spielt.

Zum Grundmotiv moderner Philosophie ist dabei der Relativismus geworden. Mit den Kontextualisten in der Tradition Wittgensteins und den Dekonstruktivisten in der Nachfolge Nietzsches fragt man sich freilich zusehends nach dem Grad der erkenntnistheoretischen Absurdität, den man noch bereit ist zu akzeptieren. Jacques Derridas ambivalente Betrachtung, ja Legitimierung des islamistischen Terrorismus zum Beispiel machte einer breiteren Öffentlichkeit klar, worin die Problematik tief sitzender Relativität liegt – in ihrem ethischen Opportunismus. Sei es die These Paul Feyerabends (»Jede Theorie besitzt ihre eigenen Erfahrungen«), sei es die Behauptung Thomas Kuhns (»Befürworter entgegen gesetzter Paradigmen üben ihre Tätigkeit in verschiedenen Welten aus«), sei es die Habermassche Auflösung aller Haltungen in Diskurslagen oder Nietzsches dreistes Diktum (»Tatsachen gibt es nicht, nur Interpretationen«) – der Relativismus hat tiefe Spuren im modernen Denken hinterlassen. Nur fragt man sich heute: zu welchem Zweck und mit welchen Folgen.

Wenn Platons »Politeia« auf den starken Staat hinaus will, René Descartes' »Cogito« auf eine provisorische Moral, der »Mehrwert« von Karl Marx auf den Klassenkampf, der »reine Akt« Giovanni Gentiles auf den Totalitarismus, wenn die »Falsifikationen« Karl Poppers auf die offene Gesellschaft, die »Gerechtigkeit« von John Rawls auf die liberale Demokratie abzielten – worauf zielt eigentlich der Relativismus ab? Ich behaupte, er trägt letztlich nur ein zerstörerisches Motiv in sich. Nun kann man im Sinne der »Dialektik der Unterschiede« von Benedetto Croce argumentieren, er gehe um Freiheit. Nur welche Freiheit und Freiheit wovon? Man wird den Verdacht nicht los, dass die innere Kraft des Relativismus die Negation ist. Vor allem die Negation definitiver Wahrheiten – im Kern also religiöser Dinge. Da diese Negation aber intellektuell wie politisch an ihr Ende gekommen ist und gewissermaßen in Stagnation mündet, weil totale Relativität immer totale Gleichgültigkeit mit sich bringt, schwindet zusehends ihre moralische wie intellektuelle Akzeptanz im Abendland.

Beinahe ruckartig wenden sich die neuere Philosophie und der breite intellektuelle Diskurs wieder der Kernfrage – der Gretchenfrage – zu: »Nun sag, wie hast du es mit der Religion?« Es erbarmte sich nicht nur Faust, sondern auch der kälteste und Gedanken-schärfste aller Nachdenker über Gott, Immanuel Kant. Er fegte alles Theologische mit dem Besen der Vernunft aus unserer Welt der Erkenntnis hinaus. Und nach ihm konnte man es nie wieder überzeugend implantieren. »Gott ist jenseits aller Vernunft«, wussten hernach alle Gläubigen. Und alle Ungläubigen wussten, dass auch Un-Gott jenseits aller Vernunft ist. Das Terrain war bereinigt. Aber eben nur das Terrain der Vernunft. Mit der Grenzziehung wies Kant und alle moderne Philosophie selber auf das Meta-Physische hin. Eine Grenze der Erkenntnis macht ja keinen Sinn, wenn es nicht ein Dahinter gibt. Deshalb gab Kant uns noch einen zweiten Hinweis mit auf den Weg in die gottlose Moderne. Er unterschied zwischen theoretischer und praktischer Vernunft. Und in der praktischen Vernunft ist kaum etwas vitaler als der Gottesglaube. Heinrich Heine empört sich geradezu über diese Kantsche Ambivalenz: »Wie mit einem Zauberstäbchen belebt er den Leichnam des Deismus wieder neu.«

Diese Ambivalenz Kants ist zur Ambivalenz der modernen Religiosität geworden. Während die überzeugten Theisten und die noch überzeugteren Atheisten weiter in ihren trüben Gewässern halber Gewissheiten badeten, ist der eigentliche Streit um Gott entschärft. Für die Theologen seiner Zeit war Kant natürlich ein Gottesmörder, seine Bücher kamen auf den Index, und die geifernden Religionstotschläger der Moderne nahmen ihn zum Kronzeugen. Nur – die Ambivalenz blieb am Ende das wirklich große Erbe.

Kant hat uns mit seiner Kritik der reinen Vernunft die Tore der Vernunft zu jeder Göttlichkeit verschlossen. In der Kritik der praktischen Vernunft stößt er sie wieder auf. Und genau wie Kant tun das viele aufgeklärte Menschen der Moderne. Sie schlagen in Anbetracht ihrer Vernunft und ihrer rationalisierten Erfahrungswelt die Tür zu Gott zu. Und doch öffnen sie sie immer und immer wieder. Trotz aller Religionskritik, trotz des Absinkens religiösen Massenbewusstseins, trotz einer agnostischen, einer materialistischen oder ideologischen Denkungsart stirbt das Religiöse nie aus. Dass zu allen Zeiten, in allen Ländern, bei allen Ethnien und auf allen Entwicklungsstufen das Religiöse elementarer Bestandteil jeder menschlichen Kultur ist – das ist nicht nur Neo-Scholastikern eine Art Gottesbeweis. Wenn es nicht einmal nach drei Jahrhunderten Aufklärung, nach all dieser neuzeitlichen Erfahrung und totalen Rationalität gelingt, das Jenseitige aus dem Diesseitigen zu verbannen, dann gilt es vielleicht zu akzeptieren, dass es einfach da ist.

Rüdiger Safranski hat für dieses Phänomen der

Akzeptanz Gottes im Angesicht seiner Abwesenheit einmal eine Filmszene aus Michelangelo Antoninis Kinostreifen »Blow Up« beschrieben, in der zwei Tennisspieler hingebungsvoll Tennis spielen, der Beobachter aber gar keinen Ball sieht und entgeistert auf den Platz schaut. Safranski: »Nach einer Weile wird das Unwirkliche immer wirklicher. Jetzt hört man auf einmal den Ball, zuerst leise, vom Wind übertönt, dann immer lauter das Geräusch der Ballschläge, und der Betrachter bewegt den Kopf im Rhythmus des Ballwechsels. Jetzt hat ein Spieler zu stark geschlagen. Der Ball, den immer noch keiner gesehen hat, fliegt über das Gitter und fällt offenbar dem Zuschauer vor die Füße. Die Spieler blicken bittend hinüber zu ihm. Er zögert, doch dann beugt er sich nieder, und hebt etwas auf, das nicht da ist, und wirft es hinüber. Die Spieler bedanken sich und setzen ihr Spiel fort.«

Über den Ball lässt sich ebenso wenig sagen wie über Gott. Safranski weist freilich darauf hin: »Aber das Spiel ist da und seine Dynamik verwandelt die Zuschauer, auch uns, in Mitspieler. Das heißt: fangt an zu spielen und ihr werdet merken, wie wirklich der Ball ist. Wenn ihr vorher wissen wollt, ob der Ball da ist, dann werdet ihr nie anfangen. Dann wird es niemals ein Spiel geben. Zivilreligion ist das Spiel ohne Ball. Man spielt, ›als ob‹ ein Ball, also Gott, da wäre. Wenn das Spiel funktioniert, ist es am Ende gar nicht so wichtig, ob der Ball überhaupt da ist. Das gilt auch für eine Moral, auf die wir uns so verpflichten, als wäre sie uns von einem Gott eingegeben oder aufgegeben. Das gilt überhaupt für das Spiel des Lebens, mit dem man anfangen sollte, ohne allzu genau nach seinem Sinn zu fragen. Auch hier gilt: Der Sinn ergibt sich erst beim Spiel.«

Was für Safranski das ewige Spiel, ist für Robert Spaemann das »Gerücht Gottes«, das immer da sei. Dass aber in der postsäkularen Philosophie das Spiel, das Ritual, das Gerücht, also die Spur des Religiösen, als Denkfiguren wieder akzeptiert werden, zeigt einen bemerkenswerten Paradigmenwechsel. Denn am Anfang aller philosophischen Religionsdebatten steht wie bei einem Gerichtsprozess eine Entscheidung über die Verteilung der Beweislast. In den vergangenen zweihundert Jahren wurde die Beweislast den Religiösen zugeschoben: Beweist Eure Götter, dass sie sind. Und da Ihr sie nicht beweisen könnt, sind sie nicht – das war die Grundfigur des säkularen Zeitalters. Heute kehrt sich die Beweislast wieder um. Spaemanns Diktum hat wieder Gewicht: »Angesichts der überwältigenden Allgemeinheit und Dauer des Gerüchts von Gott trägt derjenige die Begründungspflicht, der dieses Gerücht als irreführend abtut. Wenn wir Spuren Gottes suchen, dann ist immer derjenige wichtiger, der eine Spur gefunden hat, als der, der keine gefunden hat.«

Die Beweislastumkehr hat ihren Grund nicht im späten Triumphgeheul übrig gebliebener Theologen. Sie erwächst aus dem Selbstzweifel der modernen Naturwissenschaft. Die moderne Wissensgesellschaft leidet an einer merkwürdigen Schizophrenie. Sie wird technologisch immer komplexer, ihr kumuliertes Wissen wird immer größer, der Einzelne aber braucht gerade deshalb immer mehr Glauben, um dem Wissen zu vertrauen. Schon bei den meisten Dingen des Alltagslebens, vom Auto über die Mikrowelle bis zum Handy, sind wir darauf angewiesen, dem Wissen anderer zu vertrauen und zu glauben. Bestenfalls werden wir zu gläubigen Mitwissern. Da jeder Einzelne nur Spezialist für ein Detail der Wissensgesellschaft sein kann, wächst mit der Komplexität auch das Maß an Glauben. Gegenwartsphilosophen sprechen darum auch von der Wissensgesellschaft als Glaubensgemeinschaft. Je mehr Wissen, desto mehr Glauben an das Wissen anderer. Das heißt: Gerade die durchrationalisierte Moderne erzwingt ein ständig wachsendes Maß an Glauben.

Ich muss dem Supermarkt glauben, dass die Lebensmittel nicht giftig sind, ich muss dem Autobauer vertrauen, dass die Bremse das Fahrzeug wirklich bremst. Ich muss sogar der Rentenversicherung glauben, dass ich in fernen Jahrzehnten einmal Geld bekomme.

Aber nicht nur die Technik erzeugt gewaltige Glaubensfelder. Auch die Psychologie, die Politik, ja die Wissenschaft selber tut dies. Wir müssen an die Psychoanalyse glauben, wenn sie funktionieren soll. Und selbst wissenschaftliche Epen wie der Urknall, die Ursuppe oder die Evolution sind letztlich Glaubensgeschichten.

In der Erkenntnistheorie vollzieht sich damit ein ähnlicher Paradigmenwechsel wie in der Naturwissenschaft, aber auch in der politischen Philosophie: die Grenze der induktiven Methode. Die abendländische Aufklärung und das ganze System der modernen Naturwissenschaft leben vom Verifikationsprinzip. Jede Aussage und jede Erkenntnis mussten sich empirisch belegen können, um

Gültigkeit zu erlangen. Mit der Relativitätstheorie geriet das Verifikationsprinzip an sein Ende. Seitdem kommt aus der Mitte der naturwissenschaftlichen Forschung die Erkenntnis, das jeder wissenschaftliche Satz nur vorläufige Bedeutung hat, dass es wirklich gesicherte Erkenntnis nicht gibt, dass die Wissenschaft das Glaubensprinzip wiederentdeckt. Diese neue Bescheidenheit in der Erkenntnis gipfelte schließlich in Karl Poppers Forderung nach »Falsifizierbarkeit«. Wenn aber am Anfang und am Ende unseres Wissens Mutmaßungen, Modelle, Hypothesen, also Glaubensgeschichten stehen, die der Prüfung auszusetzen sind, dann ist die Moderne zum Credo-Prinzip zurückgekehrt.

Gerade Naturwissenschaftler empfinden die obdachlos gewordene Moderne seit einiger Zeit intellektuell als nackt. Während der Säkularisierungsprozess drei Jahrhunderte lang seine Kraft aus dem Einreißen der christlichen Behausung mit dem Instrumentarium der aufgeklärten Vernunft gezogen hat, entdeckt die total säkulare Welt irgendwann ihre Nacktheit.

Das Paradoxon dieser Entwicklung ist einfach: Je weiter die Wissenschaft in die Grenzsphären von Sein und Wirklichkeit vordringt, desto größer werden die Felder der Glaubenserkenntnis. Unser Kosmos ist nach den neuesten Mutmaßungen der Astrophysik 13,7 Milliarden Jahre alt, womit der viel größere Rest der Zeit eine Ewigkeit wilder Glaubensvermutungen wird. Zugleich führen die Entdeckungen der Astrophysik zur Erkenntnis, dass nur vier Prozent des Universums überhaupt entdeckbar sind, wie etwa Sterne, Planeten und Monde. Der Rest des gewaltigen Unbekannten wird immer größer, je mehr man entdeckt. So gelten 23 Prozent des Universums als »dunkle Materie« und 73 Prozent als »dunkle Energie«.

Am anderen Ende der Erkenntnisskala passiert das Gleiche. Je weiter wir vordringen in die Welt der Elementarteilchen, desto größer wird das Feld des Ungewissen. Jenseits von Protonen und Neutronen wird der Wirklichkeitsmodus von Quarks und Neutralinos immer diffuser. Der Nobelpreisträger Murray Gellman spricht davon, dass man diese Welten nur noch »metaphorisch« begreifen könne. Interessanterweise werden daher die Sprachcodes der Naturwissenschaftler auch immer sinnlicher, je abstrakter ihr Erkenntnishorizont geworden ist. Quarks haben daher »Farben« und »Flavors«, dunkle Weltraumpartikel werden »Feiglinge« (Weakly

Interacting Massive Particles-Wimps) genannt. Das kohärente Bild unserer Welt wird immer unanschaulicher, je weiter wir sie zu entziffern suchen.

Und so erstaunt es nicht, dass gerade die Zunft der Naturwissenschaftler mit ihren Grenzerfahrungen in der Forschung immer lauter die religiöse Dimension ihrer Erkenntnis diskutiert. Das trägt zuweilen pantheistische Züge, wie bei Alfred North Whitehead (»Science and the Modern World« und »Process and Reality«) oder bei Charles Birch (»What does God do in the World?«). Nach diesen Konzeptionen ist Gott nicht als eine äußerliche Kraft anzusehen, die Wunder wirkt und über den Weltengang wacht. Er ist vielmehr immer und überall präsent. Der pantheistische Zug der hochentwickelten Naturwissenschaft erscheint den Philosophen zuweilen so, als käme die durch die Hintertür der Vernunft entledigte Religion durch die Vordertür der Naturwissenschaft wieder zurück. Dabei wird freilich Gottes Immanenz nicht mehr an Orten sozialer, personaler und kultureller Zusammenhänge erfahrbar (so wie es über Jahrhunderte beim Christentum der Fall war), sondern an technische Grenzgebiete verlegt, irgendwo unterhalb subatomarer Teilchen oder jenseits fernster

Galaxien. In allen naturwissenschaftlichen Grenzregionen aber häufen sich die Kontingenzprobleme. Was sind letztlich Eigenschaften von Elektronen? Wie erklärt und versteht sich Unendlichkeit des Universums? Am Ende schlägt die rationale Extremerkenntnis in vorreligiöse Erwartung um. Dieser Trend, dass ausgerechnet aus wissenschaftlicher Arbeit ein stark religiöser Erkenntnisimpuls erwächst, dürfte sich im 21. Jahrhundert verstärken. Denn den Naturwissenschaftlern passiert in ihren Disziplinen das gleiche, was Kant in der Philosophie passierte. Mit dem Erkennen von Grenzen geht die Einsicht einher, dass es etwas hinter den Grenzen geben muss, sonst gäbe es keine Grenzen.

Die Naturwissenschaftler berichten auch von ihren teleologischen Einsichten, vom staunenden Respekt vor der natürlichen Ordnung, von der Faszination angesichts der strukturierten Komplexität unserer Welt. William Paley hat schon im 18. Jahrhundert dafür die Denkfigur der Uhrenmetapher geprägt. Wenn jemand auf einer Wiese eine Uhr findet, so würden offenkundig das geplante und gebaute System von Zahnrädern und Federn sowie das Ineinandergreifen aller Elemente darauf schließen lassen, dass die Uhr von irgendjemandem geschaffen worden sei. Kein Mensch würde glauben, dass die Uhr von selbst dorthin gelangt sein könnte. Wenn das aber schon für eine primitive Uhr gelte, wie könne man dann die unfassbare Komplexität der Natur und der Welt als selbst erstanden und strukturiert annehmen. Über diese teleologische Denkfigur ist viel gestritten und von der modernen Religionskritik viel Häme über sie gegossen worden. Dass der teleologische »Gottesbeweis« intellektuell nicht haltbar ist, erzählt freilich nur die Hälfte der Erkenntnisgeschichte, denn umgekehrt ist die »Gottesahnung« durch ihn dramatisch verstärkt – je weiter die Naturwissenschaft in Grenzgebiete vordringt, umso mehr.

Die Mediengesellschaft beschleunigt diese Entwicklung. Denn auch in ihr wird »Glauben« an sich immer bedeutsamer. Wenn sich immer mehr Menschen in einer Gesellschaft immer häufiger medial vermittelt bilden, definieren, unterhalten, trösten – dann brauchen sie ein immer größeres Maß an Vertrauen in das anonyme System – an abstrakten Glauben. Dieser medial erzwungene Glaube an die Wahrheit von Information, an die Kraft von Bildern, an die Kontingenz von Geschichten macht die Mediengesellschaft zu einer riesigen Glaubensgemeinschaft. Von Nietzsche stammt die Erkenntnis, dass der Mensch das Tier sei, das versprechen könne. Der eine verspricht, andere glauben ihm. Die ganze Interaktion beruht auf Glauben, der unter den Menschen zirkuliert – und das umso mehr, je mehr die Versprechen anonymisiert, mediatisiert sind. Der Glaubensgrad der modernen Informationsgesellschaften steigt gewaltig an. Wir gehen sogar in eine massenhafte wechselseitige Glaubensverschuldung, denn die immer komplexeren naturwissenschaftlichen und technischen Erkenntnisse wie Produkte verlangen ein immer abstrakteres, ja beinahe religiöses Maß an wechselseitigem Vertrauen. Von Rüdiger Safranski stammt die Formulierung: »Der moderne Mensche lebt, anthropologisch gesehen, auf Kredit.«

Nun hat diese Kreditnahme auch den Effekt, dass man ihr ganz bewusst religiöses Kapital zuführen kann. Die Tatsache, dass moderne Sekten, Evangelikale, islamische Fundamentalisten, Anthroposophen oder auch klassische christliche Kirchen von den Mechanismen des Medienzeitalters profitieren können, wenn sie sich ihrer gezielt bedienen, wird das Comeback der Religionen wohl bald massiv befördern. Die Live-Übertragungen von Evangelikalen-Predigern in den USA, die Omnipräsenz von Missionswerkzeugen im Internet oder auch die mediale Inszenierung der Beerdigung eines hochgeachteten Papstes – immer fungiert die Medialisierung wie ein gewaltiges Verstärkerorgan der religiösen Kommunikation. Die Religionskritiker sprechen schon von »Religiotainment« – und je nachdem, ob man den Prozess für gut oder für schlecht hält, wird man das kritisieren oder herbeiwünschen. In jedem Fall ist eines sicher: Auch durch die Medialisierung der Gesellschaft wird die Religion ins Massenbewusstsein der Bevölkerung zurückgebracht.

Das Religiotainment befördert zugleich etwas, was die Advokaten des religiösen Pragmatismus von Blaise Pascal über Sören Kierkegaard bis William James ohnedies empfehlen: Angesichts der philosophischen Erkenntnis, dass jede rationale Aussage über Gott unmöglich sei (positive wie negative), raten sie zu einer modernen Religiosität des Mitmachens. Pascals Wette, wonach es nicht schaden könne, religiös zu leben (wenn es Gott gebe, werde man belohnt, wenn nicht, schade es nichts), oder Kierkegaards Sprung ins Ritual oder James' Denken in »Optionen« können einen dazu bringen, die tradierte Religion einfach anzunehmen, ohne den philosophischen oder theologischen Grund zu falsifizieren.

Die Möglichkeiten des religiösen Pragmatismus reichen vom unreflektierten Dabeibleiben und Mitmachen über die Zuneigung zur Tradition bis zur Geborgenheit im Ritual. Sie alle werden durch Inszenierungen gestärkt. Alle Religionen werden von inszenatorischen Ritualen getragen. Nichts aber eignet sich mehr als moderne Medien, solche Inszenierungen und Rituale wiederzubeleben und massenwirksam zu transportieren. Man darf schon wegen der Mechanismen von Einschaltquoten und Massenaffekten davon ausgehen, dass die Medien das Thema Religion als Beweger von Emotionen und Events entdecken und – auch aus kommerziellem Interesse – massiv befördern.

Gelassenheit als bürgerliche Haltung

Zunächst ging unser Land am Waldsterben zugrunde. Dann an Atomkraft, BSE und Elektrosmog. Schließlich fielen die Kampfhunde über uns her. Gestern kam der Feinstaub dazu. Heute ist es die Vogelgrippe. Morgen die Kinderlosigkeit. Wir leben in immer kürzeren Zyklen kollektiver Panikmache.

Jürgen Habermas mag mit seiner Analyse von der »neuen Unübersichtlichkeit« einer komplexen Welt richtig liegen, aber wir reagieren darauf nicht mit »repressionsfreiem Diskurs«, sondern mit Flucht in mythische Ängste. Diese neue hysterische Kultur öffnet freilich – und das macht das Treiben einer dauer-erregten Gesellschaft ärgerlich – der kollektiven Verdummung Tür und Tor.

Die nahe liegende Kritik am vulgären Alarmismus trifft zuerst die Medien, die aus geschäftlichen Zwängen das Publikum in den Sensationismus treiben. Aus der alten Verleger-Erkenntnis »Only bad news are good news« ist inzwischen ein Jahrmarkt der boulevardesken Geisterbahnfahrt geworden. Wir unterliegen einer RTLisierung der politischen Kultur, die jede Minustemperatur als »Blitzeis«, jeden schwülen Sommertag als »Klimaschock«, jedes fiebrige Huhn als »Pestboten« und George Bush als »Weltkrieger« stilisiert.

Es sind aber nicht nur Medien, die aus wirtschaftlichen Gründen am Teppich der Ängste weben. Ganze Berufsgruppen verdienen heute als »Lobbyisten des Negativen« (Matthias Horx) ihr Geld – von Klimaforschern bis hin zu Standortkritikern. Angst scheint in Deutschland einer der wenigen Wachstumsmärkte. So existiert von Meinhard Miegel bis Greenpeace ein kommerzielles Milieu der Niedergangspropheten, eine Industrie der Angst. Obwohl ihre Prognosen – man erinnere sich, der Club of Rome sagte für das Jahr 2000 eine Erdbevölkerung von 30 Milliarden Menschen und Hungersnöte mit 300 Millionen Toten voraus – bis ins Groteske falsch sind, behalten sie doch immer Recht. Im Zweifel habe gerade der Alarmschrei ihrer Warnung das Schlimmste verhindert – frei nach Marcel Proust, wonach Apokalyptiker die wahren Lebenskünstler sind, da sie laufend angenehme Überraschungen erleben.

Die ökonomische Bedeutung der Angst haben inzwischen selbst Versicherungs- und Pharmakonzerne erkannt. »Disease Mongering« – die Pathologisierung gesundheitlicher Zustände – lautet der Megatrend der Medizin- und Nahrungsmittelindustrie. Kopfschmerzen? Sodbrennen? Zwicken? Das sind keine Lappalien mehr, das sind »Vorboten«! Vorboten für ganz Schlimmes. Neue Medikamente oder Nahrungszusatzstoffe, Vitaminpräparate und Fitnessjogurts brauchen neue Ängste. Also werden sie geschürt.

Selbst der Wetterbericht verkommt zum Hochamt des Katastrophismus. Jeder Wirbelsturm auf Jamaika, jedes Buschfeuer in Australien und selbst Hochwasser in Guatemala werden in Kriegsberichterstattermanier präsentiert: Neues von der Front der ökologischen Apokalypse. Wir haben kein Wetter mehr, wir haben nur noch Varianten der Klima-Katastrophe.

Dieser Alarmismus – so sagen uns die darüber amüsierten und so viel entspannteren Briten – sei so deutsch wie das Oktoberfest und die Kuckucksuhr. Haben wir wirklich eine kulturelle Strategie der Selbstbestrafung durch Angst? Projezieren wir unser schlechtes Gewissen für unseren Wohlstand, für unseren Frieden, für das Autofahren oder Steakessen auf Bestrafungsfantasien der Natur?

Oder ist es nur das Faustische, das uns zuweilen

in den Selbstmordversuch treibt? Ist es der protestantische Grundzweifel? Wirkt gar Nietzsche nach, und der neue Alarmismus ist nur eine Variante der alten Übermenschelei?

Zumindest wecken die Reiter der Apokalypse Größenfantasien. Sie erzählen – mit immer neuer Melodie – aber doch das uralte Lied von der auserwählten Generation, von der Einmaligkeit und Finalität der eigenen Zeit und Existenz. Da wächst jeder Gernegroß zum Propheten der Endzeit. Von Carlo Schmid stammt die Beobachtung, dass manche Menschen nur deshalb Untergangspropheten sind, weil sie sich selbst so genau kennen.

Beim neuesten Thema der hysterischen Szene gilt das auf besondere Weise. Denn das heißt Demografie. Die Deutschen sterben aus, die Gesellschaft wird kinderlos und die Menschen am Ende monadenhaft isoliert, überaltert, gestört, versingelt – auch hier ist alles totalitär, absolut und vor allem absolut schrecklich. Ein Wahn-Sinn unter vielen. Denn natürlich sterben die Deutschen nicht aus und die These vom Monadentum kuriert ein Blick in jede deutsche Kneipe, in jeden Sportverein.

Man wird den Verdacht nicht los, dass der Alarmismus auch der letzte Ideologieersatz einer geistig erschöpften Zeit sein könnte, gewissermaßen die postmoderne Rache für die Ironisierung aller Dinge. Auf die Deeskalation des Heiligen folgt die Eskalation der Apokalypse. Kann das sein? Es wäre wenigstens undramatisch.

Die acht Grundregeln für den Konservativen

Plötzlich will man also wieder konservativ sein. Was jahrelang so attraktiv war wie Fußpilz oder Hausstaub, putzt einen heute ungemein als zeitgeistiger Schick. Vom Documenta-Künstler bis zur Kindergärtnerin sind sie auf einmal bekennende Traditionalisten; die schlaumeiernden Gemüter, die der Mode zwar gerne folgen wie dem Geruch des Lavendels im Toskanaurlaub, ihr aber politisch misstrauen, nennen sich allenthalben »wertkonservativ«. Was – erste Lektion für alle Modekonservativen – eine Tautologie ist, ein weißer Schimmel der Salonkonservativen. Der wahre Konservative ist gar nichts anderes als »wertkonservativ«. Übrigens auch »kulturkonservativ« – eine Signaturvokabel der Lounge-Generation – ist ein entlarvender Anfängerbegriff, denn um nichts – Achtung, zweite Lektion – geht es dem Konservativen mehr als um das Kulturelle. Aber der Reihe nach.

Der wahre Konservative ist – die dritte Lektion – erst einmal skeptisch allem Neuen gegenüber. Also auch, dass man ihn plötzlich »cool« findet. Denn einerseits ist Coolness die Maskierung der

Einsamkeit, eine kalte Erfindung modischer Distanzkultur, und die ist völlig akonservativ. Und andererseits hat der Konservative die Moden immer angezweifelt. Sein Leben kommt – die wichtigste Lektion – schließlich aus dem, was immer gilt, und nicht aus dem, was gestern war.

Daher schätzen es Konservative auch nicht, dass Menschen ihre Überzeugungen wie Fahnen durch das Leben tragen. Das hat sie seit jeher von den Linken habituell unterschieden. Der Konservative – die fünfte Lektion – lebt aus dem Sein, nicht aus dem Werden. Aus der Selbstverständlichkeit, nicht aus der Möglichkeit. Der Linke wie der Neoliberale wollen die Welt verbessern, modernisieren, ändern, irgendwohin beschleunigen. Der Konservative ist der geborene Entschleuniger. Er schätzt das Seiende, darum will er es bewahren. Er trägt die Tradition als Ritual der Geborgenheit.

In aller Regel lebt der Konservative – die sechste Lektion – im Einvernehmen mit seinem Elternhaus, Linke haben hingegen auffallend oft ein Vaterproblem, das sie kurzerhand politisieren. Wohl auch deshalb wollten vor 30 Jahren so viele links sein, selbst die hoffnungslosesten Spießer. Vor 15 Jahren putzten sie sich alle als Liberale heraus, selbst die maskierten

Ideologen. Heute strebt man zum Konservativismus, weil das Linke nach Grass und Peymann und Lafontaine, nach giftigen alten Männern klingt, nach Landserromanen der Landsergegner. Und weil andererseits dem Neoliberalen Wärme und Herzensbildung fehlt. Diese werden wiederum den Konservativen wie ein Vermutungskredit zugestanden, und zwar deshalb, weil der Konservative – siehe vierte und sechste Lektion – sich zu seiner Familie bekennt.

Das Familiäre ist eines der vier Kraftzentren der konservativen Identitätswelt. Die drei anderen sind – siebte Lektion – die Heimat, die Religion und die Natur. Im 20. Jahrhundert geriet dieses Quartett ziemlich aus der Mode. Was war schon die kleine Familie gegenüber der großen Klasse, was die sanfte Religion gegenüber der harten Politik, was die schweigende Natur gegenüber der plärrenden Wirtschaft, was die brave Heimat gegenüber dem weiten Raum des Polyglotten. Je rasender aber die Globalisierungsmaschine die Menschen herumschleudert, desto mehr wächst die Sehnsucht nach den Restflecken der Geborgenheit. Und da werden die konservativen Kraftfelder plötzlich wieder aktiv wie erloschene Vulkane.

Osteuropa und Asien entdecken das Nationale, der islamische Raum fiebert sich ins Religiöse, der klimabewegte Westen will zurück zur heilen Natur. Die konservativen – nicht die linken – Leitideen werden zusehends zum eigentlichen Gegenspieler des kapitalistischen Global-Monopolys und seiner Machbarkeitslust. Unter den Linken kursierte lange Zeit der Irrtum, Konservative und Neoliberale seien aus einem Holz. Das hat zwar nie ganz gestimmt, seit 1989 aber gar nicht mehr. Der Publizist Alexander Gauland hat zu Recht diagnostiziert, dass die Wirtschaft seither keine konservative Macht mehr sei, sondern das Gegenteil davon. Tatsächlich sind Neoliberale den Linken heute näher als den Konservativen. Die Ersteren streiten nur um die Verteilungsfrage der großen Maschine, Letztere wollen hingegen die Maschine selber bremsen. Womit die letzte Lektion klar wäre: Das Private ist politischer, als man ahnt. Der neue Konservativismus kommt ornamental daher wie Buebs Lob der Disziplin, Kerkelings Pilgerreisen, Illies' Heimatliebe oder Matusseks Patriotismus. Er prägt aber eine tiefe Widerstandshaltung gegen die vorwärtsstürmende Moderne und die Ökonomisierung aller Lebensbereiche. Die Vorzeichen des modernen Konservativismus haben sich verkehrt, und Erich Fried bekommt Recht: Wer nur will, dass die Welt so bleibt, wie sie ist, der will nicht, dass sie bleibt.